ココム・WMD《大量破壊兵器》・そして中国

アメリカ輸出規制戦略とその現実

長谷川直之

現代書館

ココム・WMD《大量破壊兵器》・そして中国＊目次

序　章 …… 5
第1章　安全保障を支える輸出管理 …… 15
1　ココム（COCOM）の時代　18
2　各種国際輸出管理レジームの時代　24
3　兵器の不拡散と国際的合意　28
4　不拡散目的の輸出管理　46
5　近年の国際的要請　70
第2章　中国に対するアメリカの視線 …… 77
1　米中関係の推移　79
2　共産主義国としての中国　84
3　拡散の舞台としての中国　87
4　台湾をめぐる特別な緊張関係に立つ中国　106
5　軍事面の台頭著しい中国　119

第3章　新輸出管理と今後……145
1　アメリカの中国向け新ルール　146
2　中国に何を見る　165
あとがき……180
参考資料……185
参考文献……233

装幀　渡辺将史

序章

アメリカの新たな一歩……中国規制

アメリカの商務省は二〇〇七年六月十五日、中国向けの輸出に対してアメリカ独自の輸出規制を実施することを発表した。週末をはさんで早くも翌週の六月十九日からその新規規制を実施するという急ぎぶりだ。

この新たな規制は、中国向けに輸出する場合には、これまでであればそのまま輸出できたものであっても、要件にあてはまる場合にはアメリカ商務省の事前の許可を必要とするものである。中国の軍事力の強化に寄与することになる輸出であるとみられることが、規制が発動される要件である。これは一見するとアメリカ国内でのみ規制が行われる法律と思えるかも知れないが、実は後述するとおり純粋な国内法とは異なり、日本にも大きな影響を与えかねない大きな問題をも含んでいるのである。

国際貿易の上では、現物即売というわけにはいかない。輸出するための通関手続きだけでも数日を要してしまうことはザラだ。新たな規制が実施されることに伴って規制対象にあたる製品が軒並み輸出差し止めとならなくてすむよう、アメリカ政府は一カ月間の猶予期間を用意した。六月十九日までに受注があったもので、すでに輸送手続きに入っているものであれば、七月十九日までに限って許可が免除されるという「経過措置」だ。一カ月以上の間があくものや、まだ商談中のものなどであれば、要件にあてはまる場合にもそれに備える十分な期間があるという考え方である。

しかし、別な角度から見れば、企業にとって周知期間はわずか四日間しかない。気づかずにその四日間を過ごした場合には、違反を問われるというリスクが発生してしまうようになる。アメリカの輸出管理法違反に問われれば、刑事罰としても五年以下の懲役となり五万ドル以下あるいは貨物の価格の五倍の罰金が科されるほか、輸出入の制約など行政当局による各種処分が行われる。悪質な違反であれば、懲役が十年以下などと刑事罰はさらに重くなる。すでに輸出が成約していて六月十九日を迎えた輸出業者でも、手続き上の準備期間を含めて三四日間の猶予期間に過ぎない。これだけの猶予期間・準備期間で、現実に規制の実効は挙がるのだろうか。あるいは、ここまで急ぐほど差し迫ったものなのだろうか。

さらにこの規制が導入されるのは、アメリカからそのまま中国に向けて行われる輸出だけではない。アメリカ製品を輸入した国から中国に向けて再輸出する場合や、アメリカ製の技術を使って外国で製造された製品を外国業者が中国に向けて輸出する場合など、アメリカを起源とするものが外国から中国に向けて再輸出される場合にも適用されるのである。その場合には、外国の業者であっても、アメリカの「再輸出規制」に基づいたアメリカ政府の許可を得ることが必要となってしまうのだ。

つまり、日本から中国に向けて輸出する場合にも、新たなアメリカの中国向け輸出規制の適用を受けることがあることになる。規制が適用されるのは三一品目に限定され、「中国の軍事力の強化に寄与」という要件にあてはまる場合に限られ、しかもアメリカから日本に輸入したものという縛りがあるため、現実には日本の輸出業者がこの規制の適用を受けるようなケースは滅多にないものと推測される。しかし、仮に違反として判定されると、民事上刑事上の制裁を受けるほか、アメリカからの輸入ができなくなるなどの不利益までも被ることがあるのであるから、やはりなお注意が必要だ。

この新たなアメリカの中国向け規制は、唐突に生まれたものではない。遡ること一年以上も前の二〇〇六年七月には、規制案に対する意見公募手続き（パブリックコメント手続き）が開始されており、アメリカ国内では広く論議の対象となってきたものだ。またそれ以前からもカルロス・グティエレス商務長官の指揮の下で、アメリカ政府全体で規制の具体化が進められてきていた。中国の軍事力の増強に対して、国防総省が特にリードしてきた形跡も見られる。さらにこれに拍車をかけたのは、二〇〇七年一月に中国が実施した宇宙空間での人工衛星破壊実験だ。アメリカの議会、政府、国民がそろって、中国の軍事力や技術力の向上とともにその予期しない動きに対して強い警戒心を抱いたのは、言うまでもない。

アメリカは、ヨーロッパ諸国や日本に対しても、同様な規制を導入して中国の軍事力の強化に対して共同歩調をとるよう呼びかけてきてもいる。もっとも、中国とは遠く離れたヨーロッパ諸国は、天安門事件以来二十年近くの間にわたり中国向けの武器輸出を停止してきており、国によっての程度の差こそあれ、その関心事はむしろ中国向けに武器輸出の解禁をするかどうかということだ。中国の軍事力を意識してさらなる規制を追加することには、ヨーロッパ諸国の関心は高くない。

ココムの残影

アメリカが輸出を規制し、同様な輸出規制を「自発的に」採用することを日本など他の国にも求めるという図式は、このケースが初めてではない。

二十世紀後半には、ココム（COCOM）という名の、西側先進諸国による輸出規制の合意が存在した。ココムという名前自体は、一九八〇年代に日本企業が引き起こしたココム違反輸出事件のために一躍有名となったので、今でもその名を記憶している人も少なくないだろうが、実はこれは条約ではなく、国際約束ではなかったということは意外に知られていないようだ。あくまでも各国が自発的に加盟して、必要な国内規制を自発的に採用し、その規制制度を自発的に運用するという紳士的取り決めであった。日本もこれに加盟し、外為法（外国為替及び外国貿易法）に基づく輸出規制を採用していた。

このココムは、ソ連など東側ブロックに対して西側の軍事的優位を確保する目的のために輸出を規制するという狙いのもので、東西冷戦の下にあって、アメリカが西側各国に加盟・協力を求めたものである。

その後、東側ブロックの盟主たるソ連が一九九一年に崩壊したのを受けて、ココムも一九九四年に解散した。もうココムは存在しない。

しかし、なお多数の日本人の記憶の中には、ココムの名が今なお輸出規制を代表するかのごとく、生々しく残っていよう。これは、ココムの合意による輸出規制に反して日本からソ連に工作機械が輸出されたという事件が発生し、これに対しアメリカから受けた強烈な非難が、あまりにも強く鮮明な印象を残したためであったかもしれない。ココムは、その存在や内容の詳細が一般には明らかにされず、国際的な法的拘束力をもたず、あくまでも加盟国の自発的規制に留まるというものでありながら、その違反には外国からの強い非難を招くという「得体の知れない」ものと映った。

ところで、こうした輸出規制は、決してアメリカのための協力という性格のものではない。安全保障という視点から眺めたとき、各国が自発的に規制制度を整備してその遵守を図るべきものとなる。ココムは得体の知れない規制の代名詞なのではなく、自国や国民の安全保障のためのものと理解されるべきものなのである。

ココムは解散しており、もう存在しない。しかし輸出規制がなくなり、国際貿易にはもはや規制がなくなったと思い込んでしまうとしたら、それは大きな誤解である。

ココムの解散と前後して、国際的な安全保障のための輸出規制の目的は、「大量破壊兵器」（Weapons of Mass Destruction; WMD）や先端兵器の不拡散へと移行した。目的が「不拡散」である以上、新しい輸出規制は東側ブロックなど特定の地域を対象とした輸出規制から大きく転換したものとなった。より広範囲を対象とした規制や運用の必要性が生じ、そのための新しいルールが生まれたのである。これに対応して、規制の仕組みも大きく変化を示した。輸出規制を実施するための国際的な枠組みも、規制の目的となる兵器の分野に応じて四つのものが並存することとなった（本書二五頁参照）。しかし、それぞれの枠組みについて、各国が自発的に参加して国内規制を実施するという紳士的取り決めである点では、ココムと変わりはない。

こうした大量破壊兵器などの不拡散を目的とする輸出規制も、純粋に安全保障という視点から受け止められるべきであるのは、当然のことである。「規制」と言えば直ちに障害と捉えてしまう向きもあるかもしれないが、それは誤解である。個々の商業活動が重要であるのは言を俟たない。同時に、世界全体の安全が脅かされていないという環境があって初めて安全な経済活動が成り立つものであるということも自明のことであろう。自国や国民、さらには全世界にわたる安全を自らの活動が損なうことになってしまわないよう、個々の事業者は責任を持って輸出にあたり注意を尽くすべしというものなのである。

では、アメリカの新たな中国向け規制については、どうみるべきであろうか。

時代は変わったか

アメリカの新たな中国向け規制は、中国という特定の国を対象とした規制という意味では、その特定国に対する制裁や、あるいは冷戦時代のココムをも想起させるようなものでもある。近年の米中首脳が頻繁に会談する機会をもったり、G8サミット（先進国首脳会議）に中国首脳が顔を見せる流れの中にあって、である。

ところが、アメリカはこの規制の導入について、「中国との通商の発展」という説明の文脈の中に位置づけている。ほかの輸出規制の改正と一緒にまとめて説明しているのだ。果たしてアメリカは、中国に対する姿勢に急転回を示しているのだろうか。猛烈な勢いで発展を続ける中国経済にとって、安全保障に由来する貿易規制というブレーキが忍び寄っているのだろうか。アメリカのこうした動きは、日本にも大きな影響をもたらさざるを得ない。日中双方の経済活動にとって決定的な意味を持つばかりでなく、日本にとって最大の貿易相手国に躍り出た中国との貿易に関して、アメリカの輸出規制の影響が及び得ることに日本の事業者は敏感でなければならないだろう。発展を続ける日中貿易は、必ずしも「全く制約なく自由」という訳ではないのである。では、中国を対象とした日本の規制や企業活動にとって、これらのアメリカの動きはどのように映っているのだろうか。

本書では、まず第一章において、安全保障を支える「輸出管理」について、東西冷戦時のココムから近年に至るまでの国際的な規制の動向と内容を概観する。続いて第二章においては、中国に対するアメリカの視線とその影響として、「共産主義国としての中国」「拡散の舞台としての中国」「台湾をめぐる特別な緊張関係に立つ中国」「軍事面の台頭著しい中国」とそれぞれの切り口から整理を試みる。第三章では、アメリカの新たな中国向け規制の内容とともに、その役割や今後の姿について考察する。

なお、中国に関しては、北朝鮮との関係が安全保障上の重要なポイントである。しかしながら、本書ではより大きな全体構図を眺めるため、敢えて北朝鮮問題に焦点を当てていない。また、こうした国際的な安全保障をめぐる諸事案に関しては、性質上、その事案の基礎となる事実関係に関して公式、客観的あるいは十分な証拠・情報が示されないことが少なくないという限界がある。

日本は外交ばかりでなく、貿易その他の経済活動で広く全世界とつながりを持っている。新たな貿易像を国民一人ひとりが持ち、明確なビジョンで貿易活動について提言できることが極めて重要であることは、言を俟たない。貿易立国である日本に住む私たちは、貿易実務者ばかりでなく、すべての国民が貿易問題の当事者でもある。このため、本書は、輸出規制について詳述したものであるが、貿易事業者・実務者のみが理解すればよしとはせず、直接貿易に携わらない読者にも理解していただけるよう考慮した。

本書における見解はいずれも筆者個人のものであり、日本政府の見解とは関係なく、公開されていない日本政府の情報を用いたものではない。

第１章　安全保障を支える輸出管理

安全保障とは、ある集団にとって生存、独立、財産などかけがえのない価値を、何らかの手段によってこれに対する脅威から防衛することだ。もともと、国家の領土や政治的独立を軍事的手段によって外国からの脅威から守ること、すなわち国防が、伝統的な安全保障の考え方の原点である。現代では、経済安全保障やエネルギー安全保障、食糧安全保障などそのほかにまで広く「安全保障」概念が広がり、こうした分野の存在も国際的な共通理解となっている。しかし、軍事力を中心的手段として国家の生存・独立、国民の財産・安全を確保することは、なお極めて重要な国家の役割と考えられており、必要な軍事力を確保しておくことはやはり安全保障の方策として重要である。外からの軍事力を外国が認識することにより、その侵略が未然に防がれることが期待されるからだ。

こうした安全保障の考え方から軍拡競争や核兵器の開発競争の時代があったのは、周知の事実である。一方、自国の軍事面の増強を図ることにより相手国に攻撃的活動を思い留まらせることばかりでなく、軍事的紛争を事前に回避するためにその他の手段を用いるのも重要な安全保障の一手法となってきている。相手国への兵器類の流入を抑制することにより自国の相対的な軍事力レベルを低下させないことがその代表例だ。また、兵器類以外に、一般に民生用に使われている貨物や技術を含め、外国の軍事力の強化につながることが予測される貨物や技術についても、同様にその流入を抑制することも有効である。ましてや軍事的価値の高い技術（こうした技術は、「機微（sensitive）な技術」と称される）が自国から外国に流出しないよう管理するのは、顕在的・潜在的に緊張関係にある国をはじめ諸外国に対する自国のパワーを確保するための不可欠な手段であり、国防上極めて自然なことである。

このような目的で、軍事的価値の高い技術や貨物の国際的移転が許可制などの規制の対象に置かれるものとなっている。これを国際的には「輸出管理」（export control）と総称している。つまり、「輸出管理」は、安全保障の具体的一手段として、軍拡や核兵器の開発などの外部不経済を回避しながら自国の生存・独立や自国民の財産・安全を確保するものである。また、輸出管理の効果は、これを実行するその国だけでなく広く世界の国際的な平和安全に貢献するものでもある。

こうした輸出管理は、その意図から明らかなように、一国だけで実施するよりは、そうした趣旨や技術力を共有する諸国との間で協調して実施するほうがはるかに有効である。一方、現代の自由貿易による経済的利益は諸国に等しく共有されるものである。やみくもに輸出管理という名で規制の網が広げられてしまうべきというものではない。相手国の中で入手できたり第三国から容易に入手できるようなものまで、これをそのまま輸出管理の対象に取り上げても、その効果がほとんどないことは誰の目にも明らかだ。輸出管理学上の概念として「フォーリン・アベイラビリティ」（Foreign Availability）というものがあるが、これはこうした考え方に基づいて、入手が容易な貨物や技術については輸出管理による規制の対象から除外するというものである。こうして安全保障の支柱として、軍事的に機微な貨物や技術の国際的移転に対する最小限の規制を実施して国際的な平和安全を確保するという、輸出管理の概念に至るのである。

以上見たように、輸出管理は協調して実施されることにより、その効果を発揮する。しかし、これは軍事的活動に着目した「集団的安全保障」の議論とは別なものである。

輸出管理の目的やその対象は、国際関係や国際環境の展開に伴い、時代を追って変化してきた。以下、東西冷戦の時代から振り返る。

1 ココム（COCOM）の時代

第二次世界大戦後は、東西両ブロックによる冷戦の時代であった。「冷戦」という用語は、アメリカのバーナード・バルーチ大統領顧問が米ソ関係を「冷戦」と表現したのが最初だが、その時点が一九四七年。その後、半世紀近くの間、いわゆる冷戦時代として、基本的に東西両ブロック間の力関係を機軸として国際関係が構築されていた。アメリカを中心とする西側ブロックでは、軍事上有益な機微技術が制約なくソ連を盟主とする東側ブロックに移転することによりその軍事力が向上し、西側ブロックの安全保障に悪影響が及ぼされるようなことは、まず第一に避けるべき事態であった。このため、こうした事態を予め確実に阻止する仕組みを整備することが不可欠であった。また、西側各国が独自のバラバラの基準で輸出管理を行う場合の不利益を排除することも重要との認識は共通であった。

こうして、西側ブロックにおける経済防衛的な国際的枠組みとしてココム（COCOM。対共産圏輸出統制委員会。正式名称はCoordinating Committee for Multilateral Strategic Export Controls）が結成された。これは、兵器をはじめ軍事利用が可能となる民生用技術に至るまで、西側ブロックから東側ブロックに移転することを防止することを共通目的としていた。ココムの活動がこのように東側ブロックの軍事潜在力の強化に寄与する戦略的に重要な技術を規制するためのものであったため、加盟各国の申し合わせにより、その活動の詳細は具体的に明らかにされないこととなった。ココム自体が条約としてではなく任意加盟の紳士的合意の形をとり、本部の所在についてもパリに存在することのみ公表されるに留まり、また、規制対象範囲すなわち俗に言う「パリ・リスト」も公開されず、各国の輸出業者は各国がココムの規制対象品目を国内制度の規制品目に反映させたものを通じて辛うじてココムの適用範囲を窺い知るものであったのである。

ココムは、ソ連の核実験成功に対抗して東側ブロックを封じ込めるために、アメリカ・イギリス・フランスの呼びかけの下に一九四九年に結成された。ココムは東西冷戦を輸出管理に反映させた組織であったため、NATO（北大西洋条約機構）加盟国がほぼ原型となる形で構成された。その後、中国などアジアの共産主義化の動きに対抗して、一九五二年にはココムの内部にチンコム（ChinCom。正式名称はChina Committee of COCOM）が設けられ、一段厳しい輸出規制が採用されるに至った。日本も同年、ココムに加盟した。もっとも、中国向けの輸出規制は、後に見るようにその後の東側ブロック内部における国際的政治関係の変化に伴って変質するようになる。最終的には、日本を含め西側十七カ国がココムに加盟した。

ココム加盟国：アメリカ、イギリス、フランス、イタリア、オランダ、ベルギー、ルクセンブルグ、スペイン、ポルトガル、ノルウェー、デンマーク、西ドイツ、カナダ、日本、ギリシャ、トルコ、オーストラリア

ココムにおいては、大きく三分野の規制対象品目が設定されていた。まず第一が兵器類であったのは当然である。第二には原子力関連品目が属し、これには核関連物質、原子炉やその他関係する部分品なども含められていた。東西冷戦の時代は特に、核兵器が特に力関係を象徴するものと位置づけられていたためである。第三のものは「コマーシャル・リスト」と呼ばれる分野である。一般的には民生用の用途に用いられるものであっても、別な用法として軍事用に使われることがあり、その技術レベルが高いものは、規制対象となるべきというものである。このようなものは、輸出管理の世界でいう「汎用品」（dual use items）にあたる。ここにいう「dual use」はもちろん、軍事用・民生用の両用であるという意味である。なお、「汎用品」と表現しても、他種の機器類にも使用できるという類の意味ではなく、あくまでも軍民両用という用法である。

これらの規制対象となる貨物や技術のそれぞれの品目は、ココム加盟国の合意によってたびたび変更されたり追加削除されたりしてきた。ココムは任意加盟形態をとるため、加盟各国が一致協力してその趣旨を共有し同内容の規制を実現するためには、全加盟国が合意するという方式が不可欠であるからである。

こうしたココムの規制品目のうち、第一の兵器類や第二の原子力関連品目の場合と比べ、第三の「コマーシャル・リスト」に属する品目の現実の取扱いが最も微妙であった。コマーシャル・リスト品目は、一般的には民生用・産業用に使われるため、国際貿易取引を行う商業者にとってビジネスチャンスに直接影響してしまうためである。ココムではこれらの品目を一律に扱うことはせず、禁輸の対象と位置づける品目・禁輸ではなく量的制限に留める品目・さらには単なる各国間の情報交換を行うに留める品目というように区分けされているものとなっていた。こうした品目の区分けは、それぞれの軍事的機微度に基づいて行われるのが基本だ。ただし、当時ココムに関する情報は秘匿性が高いものとされ、前述のとおりココムの規制リストも公開されていないものであった。各加盟国は、ココムの規制品目をそれぞれの国内法の対象に落とし込んだ上で、国内輸出業者に対して規制を周知するという手法を採る。日本でも、外為法による輸出規制（輸出承認制度。後に輸出許可制度）の適用対象品目として、輸出貿易管理令に列記する形式を採った。外部からは、各加盟国の国内規制品目リストを対比することにより、ココムのリストを推定するというものであったのである。

こうしてココムは、以後、東側ブロック崩壊を経て一九九四年に解散するまでの半世紀近くにわたり、国際政治的要因の展開により時代を経て変化を続けながらも、軍事上機微な技術や貨物が共産圏諸国に移転することを厳格な規制の対象としてきた。この時代、ココムの規制はあくまでもソ連に対する西側ブロックの軍事力の優位性の確保を究極の目的としていた。このため当然、ココムによる規制はおよそ共産圏諸国という特定の国々からなる地域を対象にしたものであって、共産圏諸国に対するある種の禁輸という強い性格のものであった。各加盟国はココムに任意に加盟したうえで、各国の国内規制としては輸出許可制度や技術提供許可制度の下に置いた形をとる。しかし、任意加盟のものでありながらも、ひとたび共通の規制対象とされた技術や貨物は、それぞれの加盟国政府独自の判断で許可するということが原則的に認められないものであったのである。それぞれの許可・不許可の判定にあたっては、こうしたココムにおける品目ごとの審査を受けるものとなる。禁輸となる品目の共産圏向け許可申請であれば、不許可となるのが原則であった。むろんココムの規制範囲は各国共通となるべき最小限のものであったため、加盟各国は独自に自国の規制の対象品目を拡充することに制約はなく、現に一部の国ではココムより若干広い規制範囲が設定されていたものもあった。

こうした禁輸の対象となっている品目を共産圏諸国に移転するという許可申請がある場合に、これをその加盟国政府が許可しようとするためには、ココム加盟国の総意による「特認」（exception）を得ることが必要とされていた。例外的に、加盟国政府独自判断の「国益による例外措置」（national interest exception）が認められていたが、これは極めて稀であった。この加盟国の総意による特認という仕組みがあるが故に、各加盟国には事実上「拒否権」があったのである。これは逆に、東側ブロックとの安全保障上の問題とは無関係に、他加盟国の輸出商談の「足を引っ張る」ことを狙いとして拒否権を行使したり、拒否権を脅しの材料として交渉に臨むという動きをとることをも可能とするものであった。この拒否権の存在という抑制力があったため、各加盟国からの特認申請の量は事実上少ないものに留まっていた。

その一方で加盟国がひとたびココムに対して特認申請を行った場合には、例えば一九七〇年代にはわずかにその一〜三％内外の件数が拒否されたのみとみられ、むしろ大半が認容されたのが実情であった。もっとも、特認が拒絶された事例の中ではアメリカが拒否したことによるものがほとんどを占めており、このような面からもココム体制に占めるアメリカの決定的主導権が明確に窺えるものであった（Cupitt and McIntyre「CoCom East-West Trade Relations」）。

こうした輸出規制なり禁輸の下では、そこに利を見込んで不正を試みる輩も現れる。こうした不正の手法は、規制自体がおよそ地域規制であったため、いかにしてその規制対象地域まで届くようにするかという狙いを具現したものとなる。こうして、この時期に用いられた手法は、概ね次の三とおりの手段に集約されるものであった。

(i)性能や品目を偽ることにより規制品でない（「非該当品」と称する）として通関などの手

続きを行う

(ii) 通関などの手続きを行うことなく持ち出す（「ハンドキャリー」）

(iii) 第三国を介して移転する

それぞれに手の込んだ手法がみられたのは、言うまでもない。第一の手法について言えば、「非該当品」であるとした証明書を悪用するというものであったり、一定の濃度以上のものについて規制されている化学品の濃度を偽るというものであったり、各種各様であった。第二の手法は、比較的小さい貨物を輸出する場合に見られやすいものである。第三の手法では、経由地として世界中のあらゆる地域が利用され得たものであった。中にはなかなか想像し難いような遠距離のルートにより、例えば西ドイツから東ドイツに移転する場合にもシンガポール経由で行うなど、夥しく時間や経費を要する取引をも甘受して行われることもあったほどである。

2 各種国際輸出管理レジームの時代

東西両陣営の融和から一九九〇年の東西ドイツの統一や一九九一年のソ連の崩壊に至る共産圏の消滅は、こうした地域ブロックを対象とした規制自体の意義を乏しくするものであった。一方、冷戦時代の後期に入ると一九七四年のインドの核実験や一九八〇年代のイラン・イラク戦争におけるイラクの化学兵器使用など、第三世界による大量破壊兵器の開発や使用の動きが露わになり、その拡散を防止することが国際的に急務と認識されるようになった。こうして、ココムの解体と前後して、核兵器などの拡散を防止するための国際的枠組みが順次設けられた。

こうした国際的枠組みとしては、大量破壊兵器やその運搬手段に関するものと、その他の通常兵器に関するものに大別される。前者には、

(i)核兵器の開発などに使用される品目を管理する「ＮＳＧ」（原子力供給国会合；Nuclear Suppliers Group）、

(ii)生物兵器・化学兵器の開発などに使用される品目を管理する「オーストラリア・グループ」（Australia Group; AG）、

(iii)ミサイルを中心とした大量破壊兵器運搬手段やその開発などに使用される品目を管理する「ＭＴＣＲ」（ミサイル技術管理レジーム；Missile Technology Control Regime）

が属する。後者には、

(iv)通常兵器の輸出管理に関する「ワッセナー・アレンジメント」（Wassenaar Arrangement）

がある。

このように、現在ではそれぞれの輸出管理の管理目的となる兵器類に応じて四つの国際的枠組み（国際輸出管理レジーム）が存在している。これらはいずれも、特定の地域に対する経済防衛的な目的とは異なりあくまでも兵器の不拡散を目的としたものである。また、これらレジームは全体をワンセットとしたものではなく、各レジームに個別に参加することが可能である。いずれも条約ではなく、国際約束ではない。参加国が参加した国際輸出管理レジームに沿って、自発的に国内規制を採用するというものである。なお、日本はこれらすべての国際輸出管理レジームに参加している国である。このため、日本からの輸出や技術提供に関しては、各国際輸出管理レジーム共通の受け皿として外為法に基づく許可制度が設けられており、個々の輸出などの可否が判定される仕組みとなっている。その許可制度の対象範囲は、それぞれの国際輸出管理レジームの内容を受けたものとなっている。

ココムの時代であれば、共産圏諸国向けの輸出や技術提供に対する抑制が本質であった。したがって、規制対象品目は禁輸を中心とした厳しい対処が原則となる一方で、その他の国に向けた輸出や技術提供については共産圏諸国への迂回輸出・迂回移転の可能性という限定された視点のみで判断されるものであった。

これに対し、不拡散という規制目的下では、特定の地域という限定ではなく、あらゆる国々への兵器類やその製造能力などの移転を規制することが可能となるものである必要がある。逆にその一方で、それらが一律に禁止抑制される必要はなくなる。こうして、規制すなわち輸出管理の目的、対象、手法には大きな変化が認められるに至った。各参加国は、合意されている規制対象品目を許可制などの規制下に置くという点ではココムの時代と同様なのであるが、輸出許可申請や技術提供許可申請があった場合にはその事案の内容に応じて各国政府が自主的判断により可否を決定するのである。つまり、規制対象であることは、輸出が認められないということを決して意味していないのである。その事案の対象となる貨物や技術が、その後どこで誰の手によってどのように用いられることになるのかといった用途や需要者に関する審査を経て、不拡散の視点から可否が決定される。現に、例えば日本の輸出許可制度においても、申請事案のうち九九％内外あるいはそれ以上が毎年許可に至っている。

このように、ココムの時代に対して、輸出管理の考え方や仕組みは大きく転換を示したのである。こうした国際輸出管理レジームによる不拡散を目的とした時代では、不正の手法は従来型のものに加え、用途や需要者をカモフラージュしたり偽るというものが多用されるようになっている。いわゆるフロント・カンパニーを用いて調達するなどがその具体的方法としてしばしば見られるようになっている。

ただし、ここにおいてもなお規制の本質的対象は外国の軍事力であり、テロリストなどの非国家主体（non state actor）は中心に捉えられていなかったため、各国の制度は個々の外国というものを規制対象の一単位とした仕組みとなっている。今日、非国家主体に対する厳格な輸出管理の必要性が叫ばれながら、同時にその困難性が認識されるのは、ここに原点がある。

3 兵器の不拡散と国際的合意

核兵器など大量破壊兵器の開発に利用できる貨物や技術の国際取引は、前述のとおり現在も引き続き国際的に規制下に置くとする考えが採られているが、これは軍事一般を規制することを意味しているものではない。

そもそも各国には固有の権利として、自衛権が国際的に認められている。国連憲章第五一条においては、「この憲章のいかなる規定も、国際連合加盟国に対して武力攻撃が発生した場合には、安全保障理事会が国際の平和及び安全の維持に必要な措置を採るまでの間、個別的又は集団的自衛の固有の権利を害するものではない」と規定している。各国が主権国家として国防のための軍備を保有することや兵器を使用することは、国際的には容認されているのである。

大量破壊兵器（WMD）

この原則に対し、大量破壊兵器については、国際的にも認識は異なる。大量破壊兵器は人間を無差別かつ大量に殺傷することができる兵器であり、その残酷さ・悲惨さは国際的に強く認識され、その製造や保有を禁止したり廃棄する流れにある。大量破壊兵器は通常、核（Nuclear）、生物（Bio）、化学（Chemical）の各兵器を指し、併せて「NBC兵器」あるいは「ABC兵器」（Aは Atomic）と称される。なお、放射能を撒き散らす放射能兵器（Radiological Weapon）は殺傷以上に汚染を目的とするという意味で核兵器とは異なる要素を持つため、これを加えて「NBCR兵器」と称することもある。

大量破壊兵器に関する不拡散を確保する国際的合意形成は、それぞれの大量破壊兵器ごとに進められ、その時期や内容も一律ではない。以下、NBC兵器について詳しく見ていきたい。

核兵器と核兵器不拡散条約（NPT）

核兵器の不拡散に関しては、一九七〇年三月に発効した核兵器不拡散条約（Treaty on the Non-Proliferation Nuclear Weapons; NPT と略称）が中核となっている。NPTでは、「一九六七年一月一日前に核兵器その他の核爆発装置を製造しかつ爆発させた国」すなわち米国、ロシア（発効当時はソ連）、英国、フランス、中国の五カ国を「核兵器国」と定め、それ以外の国（「非核兵器国」）への核兵器の拡散を防止するとともに、核兵器国に核軍縮交渉を義務付けることを目的としている。また、非核兵器国による核兵器の受領や製造等も禁止されている。したがって、核兵器については、保有することに関しての差別性をもちながら、その製造や保有を基本的に否定しているのである。日本は一九七六年に締約国となっている。

ＮＰＴでは、以下が定められている。

1．核不拡散の義務

核兵器国による核兵器の移譲等の禁止（第一条）、非核兵器国による核兵器の受領や製造等の禁止（第二条）を定めており、同時に、締約国である非核兵器国がＩＡＥＡ（国際原子力機関：International Atomic Energy Agency）の保障措置（safeguards）を受諾する義務を負うことを規定している（第三条）。

2．原子力の平和的利用の権利

ＩＡＥＡ保障措置の受け入れという義務を課すことを通じて、非核兵器国による核物質・原子力施設の軍事転用を防止することを目指している。その一方で、平和的目的のための原子力の研究、生産、利用を発展させることについては、「すべての締約国の奪い得ない権利」であると定めている。また、すべての締約国に、原子力の平和的利用のため設備、資材、科学的・技術的情報の交換を行う権利を認めている（第四条）。

3．核兵器国の核軍縮交渉義務

非核兵器国における原子力の軍事転用を防ぎつつ、締約国が核軍縮交渉を誠実に行う義務を定めている（第六条）。

4．手続事項

締約国は、異常な事態が自国の至高の利益を危うくしていると認める場合には、条約から脱退する権利を有し、当該締約国は、他のすべての締約国及び国際連合安全保障理事会に対し、「異常な事態」についても記載した上で、三カ月前にその脱退を通知する旨定めている（第十条）。

ＮＰＴの普遍性は高まってきており、締約国数は二〇〇七年時点で一九〇カ国にのぼっている。特に冷戦終了後に、その普遍性を大きく高めた。例えば一九九一年には、南アフリカが保有していた核兵器を放棄し、非核兵器国としてＮＰＴに加入した。旧ソ連から分離独立したカザフスタン、ベラルーシ、ウクライナは、一九九四年までに核兵器をロシアに移管し、非核兵器国としてＮＰＴに加入した。また、アルゼンチンとブラジルも、ともに核開発計画を放棄し、それぞれ一九九五年と一九九八年に非核兵器国としてＮＰＴに加入した。さらに、二〇〇二年にはキューバが加入している。ＮＰＴは、条約の効力発生の二五年後にはその存在について見直すこととなっていたが、その年に当たる一九九五年には、ＮＰＴの存続が無期限延長されることが決定された。

ＮＰＴの非締約国は、国連加盟国（一九一カ国）の中ではインド、パキスタン、イスラエルの三カ国のみである。インドとパキスタンは、核実験を実施し核兵器保有を宣言している。また、宣言していないものの、イスラエルはすでに核兵器を保有している「事実上の核兵器国」と言われている。

ＮＰＴ第三条にあるＩＡＥＡの保障措置は、ＮＰＴを中心とする核不拡散体制の実効性を検証するための不可欠な制度である。保障措置とは、原子力の利用にあたり核物質が軍事的目的を助長するような方法で利用されないことを確保するための措置である。ＩＡＥＡは、各国との間で個別に保障措置協定を締結し、当該国の原子力活動を検認する役割を担っている。

ＩＡＥＡは当初、二国間の原子力協定に基づいて核物質などを受領する国との間で保障措置協定を締結し、その二国間で移転される核物質及び原子力資機材のみを対象に保障措置を実施してきた（「六六型保障措置協定」と呼ばれる）。その後、一九七〇年のＮＰＴ発効後は、ＮＰＴに基づき、国内のすべての核物質を対象とする保障措置協定（「包括的保障措置協定」と呼ばれる）を各国と締結するようにし、その国内における保障措置を実施してきた。この結果、ＮＰＴ加盟国のすべての国との間で保障措置協定が締結されるには未だ至っているわけではないものの、保障措置協定を締結している国のうち大多数（一四九カ国）はＩＡＥＡと包括的保障措置協定を締結している。六六型保障措置協定を適用しているのは、ＮＰＴ未加入であるインド、パキスタン、イスラエルの三カ国だけとなっている。なお、核兵器国である五カ国にはＩＡＥＡ保障措置を受け入れる義務はないが、核不拡散の重要性を考慮し、軍事的目的以外の核物質に対する保障措置を各国がそれぞれ自発的に受け入れている（「自発的（ボランタリー・オファー）保障措置協定」と呼ばれる）。

一九九〇年代には、イラクや北朝鮮の核開発疑惑によって、従来の保障措置が締結国による国内のすべての核物質を申告することを前提とした仕組みであったことによる限界が露呈し、これを強化することが急務となった。一九九七年には、ＩＡＥＡ査察官によるアクセス可能な場所を拡大し、従来型の包括的保障措置協定の下で行われる検認だけでなく、これに加えて未申告の原子力活動がないことを確認するための強化された権限をＩＡＥＡに与える追加議定書が採択された。しかし、この追加議定書については、二〇〇六年現在でまだ七三カ国について発効しているにすぎない。

（参考）包括的保障措置協定

ＮＰＴは、締約国である非核兵器国に対し、「国際原子力機関憲章及び国際原子力機関の保障措置制度に従い国際原子力機関との間で交渉し、かつ締結する協定に定められる保障措置を受諾すること」を義務付けている。さらに、保障措置は、「当該非核兵器国の領域内若しくはその管轄下で又は場所のいかんを問わずその管理下で行われるすべての平和的な原子力活動に係るすべての原料物質及び特殊核分裂性物質につき適用される」と定めている。

非核兵器国の多く（一四九カ国）がＩＡＥＡと締結しているのは、これに基づく「包括的保障措置協定（Comprehensive Safeguards Agreement）」（「フルスコープ保障措置協定」または「一五三型保障措置協定」と呼ばれる）である。

保障措置の具体的手法は、事業者が作成する核物質の計量管理記録の検認を中心とする「核物質の計量管理」が基本であり、重要な補助的方法として「封じ込め」と「監視」がある。「封じ込め」とは、核物質貯蔵容器などに封印を行って核物質を物理的に封じ込め、仮に容器が勝手に開けられた場合にはＩＡＥＡがその行為を把握することができるようにするという手法である。また「監視」は、核物質の不正な移動が行われないようにビデオカメラ、放射線の測定装置、モニターなどを用いて行われる。

生物兵器と生物兵器禁止条約（ＢＷＣ）

生物兵器の不拡散に関しては、一九七三年三月に発効した生物兵器禁止条約（Biological Weapons Convention; BWCと略称）があり、生物兵器の開発や製造を禁止している。生物兵器については、まず一九二五年の「毒ガス等使用禁止に関するジュネーブ議定書」によって、化学兵器と生物兵器の戦争における使用が禁止された。その後、平時における禁止に向け、まずは関係国の合意の得られやすい生物兵器の規制に取り組むこととなった。その結果として、生物兵器を包括的に規制する唯一の国際法的枠組みとして、ＢＷＣの成立をみるに至った。二〇〇七年時点での締約国数は、一五九カ国に上る。日本は、一九八二年に加盟している。

ＢＷＣは生物兵器の開発、生産、貯蔵、保有について戦時・平時を問わず包括的に禁止している。その一方で、化学兵器禁止条約（Chemical Weapons Convention; CWCと略称）と異なって、締約国が条約の実施を検証する手段に関する規定が不十分であると言われてきている。このため、この条約をいかに強化すべきかが長らく検討されている。生物兵器の場合、使用される生物剤は容易に増殖でき、また殺菌による証拠隠滅も容易であるという特性があるため、検証そのものが極めて難しいという難点がある。

一方、イラクに対する国連特別委員会による査察報告では、イラクが湾岸戦争以前から高度な生物兵器戦計画をもち、ボツリヌス毒素、炭疽菌等の生物剤を保有していたことが明らかになった。日本国内の事例では、一九九五年にオウム真理教によるボツリヌス毒素・炭疽菌の開発が確認され、また二〇〇一年にはアメリカで炭疽菌事件が発生しており、戦時や国際紛争時ばかりでなく、国内治安維持のためのバイオテロ対策を含めたＢＷＣの強化の必要性が共通に認識されている。

（参考）生物兵器

生物兵器には、ウィルス、細菌、毒素の区分がある。ウィルスには、天然痘、エボラ、黄熱病、日本脳炎、トリインフルエンザなど各種のウィルスが含まれる。細菌には、コレラ菌、ペスト菌、炭疽菌、発疹チフスリケッチア、オウム病クラミジア、ボツリヌス菌などの細菌が、毒素にはボツリヌス毒素、ベロ毒素、コレラ毒素、黄色ブドウ球菌毒素、赤痢菌毒素などの毒素が含まれる。ただし、ワクチンは生物兵器には含まれない。また、これらを保有したり媒介する生物を使用して人間や動植物に害を加える兵器も、生物兵器と呼ばれる。

生物兵器は、使用された場合でも自然発生の疾病との区別が困難であるほか、人から人へと二次感染するものがあるため、いったん使用されるとその効果が広範かつ長期的に持続するという特性を有する。また、ある程度の知識と技術があれば大がかりな設備がなくても製造することができるものもある。容易に増殖可能であるため大量生産を迅速に行うことができる。また、消毒することにより証拠隠滅が可能であったり潜伏期間があるため、開発・生産の現場を検知することが比較的困難であるという特徴がある。

化学兵器と化学兵器禁止条約（ＣＷＣ）

化学兵器の不拡散に関しては、一九九七年四月に発効した化学兵器禁止条約（ＣＷＣ）が中核となっている。

化学兵器の本格的使用は、第一次世界大戦時、ヨーロッパにおけるドイツ軍による塩素ガスやホスゲンの使用がその嚆矢であったとされている。その被害は死傷者一三〇万人以上、そのうち死者は一〇万人に達したと言われる。この反省に立ち、一九二五年、化学兵器と生物兵器を規制する初めての国際条約として「毒ガス等使用禁止に関するジュネーブ議定書」が作成された。ただし、このジュネーブ議定書では、これら化学兵器・生物兵器の戦争における使用は禁止されたが、平時における生産・保有については規定されていなかった。その後、化学兵器を禁止するための交渉が本格的に開始されたが、合意の得られやすい生物兵器に関する協議が先行して成案に至った。

特にイラン・イラク戦争（一九八〇～一九八八年）や湾岸戦争（一九九〇年）において化学兵器が使用されたことによって化学兵器を禁止するための交渉機運も盛り上がり、CWCはようやく妥結に至った。二〇〇七年時点の締約国数は一八二カ国に上る。日本は、発効当初から加盟している。近年では、リビアが二〇〇四年にCWCの締約国となり、その保有する化学兵器（マスタードガス二三トン）や化学兵器生産施設などの廃棄に向けた手続きを開始している。一方、CWCの義務の履行のために国内法を整備し、化学兵器の使用、開発を禁じている国は全締約国の六割程度に留まっている。

CWCは、化学兵器の開発、生産、保有を包括的に禁止し、同時に、アメリカやロシアなどが保有している化学兵器を一定期間内に全廃することを定めたものである（二〇〇七年四月以前を廃棄期限としていたが、アメリカ・ロシアをはじめ廃棄が遅れており、廃棄期限もアメリカ・ロシアについては二〇一二年四月まで、インドは二〇〇九年四月まで、リビアは二〇一〇年末までに延長された）。これは、一つの範疇の大量破壊兵器を完全に禁止して既存のものも廃棄させるのみならず、これらの義務の遵守を確保する手段としての検証制度をもつ初めての条約である。

化学兵器の種類（例）

血液剤	シアン化塩素（CK）、シアン化水素（AC）
びらん剤	ルイサイト（L）、サルファマスタード（HD, H, HT, HL, HQ）、ナイトロジェンマスタード（HN1, HN2, HN3）、ホスゲンオキシム（CX）、エチルジクロロアルシン（ED）
神経ガス	タブン（GA）、サリン（GB）、ソマン（GD）、シクロサリン（GF）、GVガス、VEガス、VGガス、VMガス、VXガス
窒息剤	塩素ガス、クロロピクリン（PS）、ホスゲン（CG）、ジホスゲン（DP）
嘔吐剤	アダムサイト、ジフェニルクロロアルシン、ジフェニルシアノアルシン
催涙剤	トウガラシスプレー（OC）、CSガス、CNガス（mace）、CRガス
焼夷剤	三フッ化塩素
対物剤	パイロフォリック

ＣＷＣでは、条約の対象となる化学物質を表一剤、表二剤、表三剤の三種類に分け、扱いを異なるものとしている。表一剤は、化学兵器以外の用途がほとんどない物質が属するもので、マスタードガスやサリンなどがこれに含められる。これを輸出するのはＣＷＣ締約国向けであって研究や医療などの目的に限られており、しかも事前通報手続きや第三国再移転の禁止という最も厳格な制約がかけられる。

表二剤は化学兵器の製造に関する「相当な危険」があるもので、産業用には多量に製造されることのない物質が属する。マスタードガスの前駆物質であるチオジグリコールなどがこれに含められる。これらは、ＣＷＣ非締約国向けには輸出ができないものとされている。

表三剤は、産業用にも多量に製造されるものであるが、同時に化学兵器の製造に関する「危険」をもたらす物質である。農薬の原料などが含まれる。これらについては、ＣＷＣ非締約国向けであっても、用途や最終需要者を明らかにした最終用途証明書の提出をもって輸出することが認め

られる。

また、ＣＷＣは、化学兵器や現存・過去の化学兵器生産施設といった化学兵器に直接関連したものだけでなく、民生用の化学製品を生産するための化学物質を利用している民間の工場や研究所などについてもＯＰＣＷ（化学兵器禁止機関；Organisation for the Prohibition of Chemical Weapons）に申告し、査察を受け入れる義務を定めている。

ＯＰＣＷは、ＣＷＣの実施状況を検証することを主な任務とする機関である。その検証の実務は、化学兵器を保有していた国がＯＰＣＷに申告した化学兵器貯蔵施設や廃棄施設に対して行う現地査察と、化学産業を有する締約国がＯＰＣＷに申告した特定の化学物質を扱っている施設などへの現地査察の二種類に大別される。後者の査察は、通称「産業査察」と呼ばれており、化学産業という隠れ簑の下で化学兵器の開発・製造が秘密裡に行われていないことを確認するために行われるものである。

ＣＷＣの下では、条約違反の可能性について明らかにするため、締約国は、他の締約国の施設または区域に対する申し立てによる現地査察（チャレンジ査察）の実施を要請する権利をもつ。こうした査察の要請が行われた場合、理事会が要請の受領後十二時間以内に四分の三以上の多数で査察反対を決定しない限り、当該施設又は区域への査察が行われることとなる。このチャレンジ査察は、被査察国が申告していない施設または区域に対しても査察が行われる点で画期的であるが、ＣＷＣ発効後まだ一度も実施されていない。

（参考）化学兵器

化学兵器は実験室や化学工場で比較的容易に生産することが可能である。このため、「貧者の核兵器」と称されることもある。

これまでに化学兵器として開発された毒性化学物質には、大きく分けてシアン化塩素のように血液中の酸素摂取を阻害し身体機能を喪失させる血液剤、マスタードのように皮膚や呼吸器系統に深刻な炎症を引き起こすびらん剤、サリンのように神経伝達を阻害し筋肉痙攣や呼吸障害を引き起こす神経ガス、ホスゲンのように気管支や肺に障害を与え窒息させる窒息剤などの種類があり、致死性が最も高いのは神経ガスである。これまで使用されてきた兵器では、有害で人体を蝕む化学反応を起こす物が多く使用されてきたが、近年ではサリンなどに代表される神経性の毒物（少量でも呼吸や心拍の機能を含む運動機能や感覚機能に甚大な影響を与える毒物）も使用されている。なお、一九九四年と一九九五年には日本国内でオウム真理教がサリンを散布した事件が発生しており、テロリストによる使用も現実の脅威となっている。

これまでにCWC締約国よりOPCW技術事務局に対して総計約七万一千トンの化学兵器の存在が申告され、このうち二〇〇七年七月までに約二万四千トンの廃棄が完了している。

大量破壊兵器（ＷＭＤ）以外

以上のように、核兵器、生物兵器、化学兵器といった大量破壊兵器については、基本的に国際条約によりその開発や保有が禁じられている。これに対し、その他の兵器類については、こうした禁止を定める国際条約は存在しない。むしろ各国が固有の自衛権として軍備を保有することや兵器を使用することは国際的に容認されており、この点は国連憲章第五一条にも裏付けられている。したがって、こうした兵器類については、大量破壊兵器とは異なった「不拡散」の捉え方となる。

大量破壊兵器以外の兵器については、大量破壊兵器の運搬手段となるものと、さらにその他の兵器類とに区別される。このうち前者は一般に、ミサイルに関するものとされる。

ミサイル

今日、大量破壊兵器を運搬するための主力となる手段は爆撃機ではなく、弾道ミサイルを中心としたミサイルである。こうしたことから、ミサイルについて何らかの制限を課すことは、大量破壊兵器の製造や保有を禁止・制限する国際約束を補完するものとして重要な意義をもつものである。ミサイルが大量破壊兵器関連の兵器であると位置付けられるのは、このためである。

こうしたミサイルやその関連技術の拡散を防ぐため、後に触れるＭＴＣＲ（ミサイル技術管理レジーム）が創設され、厳格な輸出管理を行うものとされた。しかし、ミサイル技術を自ら開発したり、またMTCR参加国以外のミサイル保有国からの協力を得たりする国もあり、ミサイル技術をもつ国がその流出を防ぐだけではミサイル技術の拡散を完全に食い止めることはできなくなってきているのが実情である。

これに対し、こうした状況を憂慮した国々により、多くの国々が参加する国際行動規範として、二〇〇二年に「弾道ミサイルの拡散に立ち向かうためのハーグ行動規範」（Hague Code of Conduct against Ballistic Missiles Proliferation; HCOC）が立ち上げられた。このハーグ行動規範は、弾道ミサイルの拡散防止の原則、弾道ミサイルの実験・開発・配備の抑制、宇宙ロケット計画の名による弾道ミサイル計画の隠蔽の禁止、国際的軍縮・不拡散条約の義務や規範に反して大量破壊兵器の開発を行っている可能性のある国の弾道ミサイル開発計画に対する不支援・不支持の原則、信頼醸成措置（弾道ミサイルや宇宙ロケットの事前発射通報、政策に関する年次報告など）を主たる内容とする。ただし、信頼醸成措置は、これを実施することをもって弾道ミサイル活動を正当化するということにはならないものである。二〇〇七年時点で、参加国は一二四カ国に達している。

ハーグ行動規範は法的拘束力をもつ国際約束ではない。このため、ハーグ行動規範に参加しても弾道ミサイルの開発・保有が法的に制限・禁止されることにはならないが、その参加国は、これらを自制し、また、弾道ミサイル計画についても支援を行わないという政治的意図を有することを公に示すこととなる。

（参考）ミサイル

大量破壊兵器の運搬手段にあたるミサイルとしては、弾道ミサイル（Ballistic Missiles）と巡航ミサイル（Cruise Missiles）の二タイプが中心的存在である。弾道ミサイルは、放物線のような弾道を描いて飛ぶミサイルで、ロケットエンジンを用いて大気圏外にまで高く打ち上げたり、弾頭を軽量化することなどにより、長距離の射程をもつことが可能である。これに対し、巡航ミサイルは、空気吸入式エンジンを用いるもので、飛行中に経路を修正することにより命中精度を高めることができる点に特徴がある。なお、一般にミサイルと言う場合には、これらのほかの方式による地対空ミサイルや空対空ミサイルなども含められる。

ミサイルは、安全な距離から強力な破壊力を有する爆弾を撃ち込むことができ、極めて短時間で目的地に到達し、通常のレーダーで追尾することも困難という特性がある。

弾道ミサイルは、その射程距離から、一〇〇〇キロメートルまでのＳＲＢＭ（短距離弾道弾）、一〇〇〇キロメートルから三〇〇〇キロメートルまでのＭＲＢＭ（準中距離弾道弾）、三〇〇〇キロメートルから五五〇〇キロメートルまでのＩＲＢＭ（中距離弾道弾）、五五〇〇キロメートル以上のＩＣＢＭ（大陸間弾道弾）といった区分がある（いずれもアメリカ国防総省の定義によるもの）。

その他の兵器類

大量破壊兵器でなく、大量破壊兵器の主力運搬手段としてのミサイルにも含められないその他の兵器類は、通常兵器（Conventional Weapons）と称される。

通常兵器には、一般的にその製造や使用を禁止したり制限するものはない。通常兵器のうち非人道的な特定の兵器だけについて禁止制限する国際約束（特定通常兵器使用禁止制限条約：Convention on Certain Conventional Weapons（CCW））があるに過ぎない。例えば、検出することが不可能な破片を使用する兵器や、ブービートラップ（食物やおもちゃなど外見上は無害なものの中に爆発物を仕込んだ兵器）などがこれにあたる。通常兵器全般に関する規制としては、国際的には、禁止を目的とした不拡散という視点ではなく、個々の国の軍事力に関する軍備管理あるいは軍縮という側面と、過大な武器の蓄積による地域の不安定の回避という側面が目的となる。

このうち過大な武器の蓄積による地域の不安定を回避するという点については、国連は一九九二年から、「軍備登録制度」（UN Register of Conventional Arms）を発足させている。これは、湾岸戦争時のイラクにおける過大な武器の蓄積が地域の不安定につながったという反省に立つものである。この制度では、大規模侵攻用兵器の毎年の輸出入の量とその相手国を登録の対象としている。具体的には、(i)戦車、(ii)装甲戦闘車両、(iii)大口径火砲システム、(iv)戦闘用航空機、(v)攻撃ヘリコプター、(vi)軍用艦艇、(vii)ミサイル・ミサイル発射装置の七カテゴリーを大規模侵攻用兵器として設定している。

なお、MANPADS（携帯式地対空ミサイル；Man-Portable Air-Defense Systems）は、二〇〇四年以降、(vii)の「ミサイル・ミサイル発射装置」の中に含められている。MANPADSは一人や数人で運搬したり発射することが可能な携帯型のミサイルである。射程が数キロメートルと短く、その攻撃対象は目視が可能な低空飛行中のヘリコプターや航空機に限定されるが、隠匿しやすく比較的容易に操作できる一方、飛行中の航空機に対し壊滅的な損害を与えることができるほどの破壊力を持つ。

また、国連の軍備登録制度の発足より後の一九九六年に、通常兵器に関する国際輸出管理レジームとしてワッセナー・アレンジメントが結成された。ワッセナー・アレンジメントによる輸出管理も、軍備登録制度と同様に、通常兵器の過剰な蓄積や移転による地域の不安定を回避するということを考え方の前提としている。もっとも、ワッセナー・アレンジメントは広く兵器用・民生用のどちらにも使用され得る貨物（「汎用品」）を含めた輸出管理のためのレジームであるため、特定の兵器を対象とする軍備登録制度とは範囲が異なる。ワッセナー・アレンジメントについては、後述する。

4　不拡散目的の輸出管理

以上、それぞれの兵器の種類や性質の違いに応じて国際的な禁止や制限の違いがあり、その拡散に対する受け止め方の違いもあることをみてきた。こうした兵器に応じて不拡散の趣旨を確保し、あるいは過剰な蓄積を防止するための手法として、「輸出管理」（export control）という規制が行われている。

輸出管理は各国がそれぞれ国内法制により実施するものであるが、その国際的に共有される目的を全うするため、輸出管理の方法や対象を共通にするための国際輸出管理レジームが結成されている。したがって、国際輸出管理レジームによって規定される規制を実施するうえでは、その目的となる兵器の性質に応じた国際的な考え方を基礎にする必要がある。

その輸出管理の対象品目は、軍事用・民生用のどちらにも使用され得る貨物やこのような貨物を製造したり使用したりするための技術がほとんどを占める。軍事用・民生用のどちらにも使用され得る貨物のことを輸出管理上では「汎用品」（dual use items）と呼んでいることは、前述したとおりである。このような汎用品を製造したり使用したりするための技術は同様に、輸出管理上では「汎用技術」（dual use technology）と呼ぶが、むしろ汎用品である貨物とまとめて「汎用品」（dual use items）と称するのが一般である。輸出管理の趣旨、さらにはその前提となる国際的な不拡散の考え方からは、こうした汎用品を規制対象に含めるのが不可欠である。ただし、兵器の開発などのうえで価値が低いものにしかならない汎用品や、外部で容易に入手できるものについては、規制の必要性がないものとなっている。こうして、国際輸出管理レジームでは、いずれも規制対象となる貨物や技術を参加国の合意のうえで限定列記しており、各参加国が共通に規制するものとしている。これがいわゆる「リスト規制」である。

国際輸出管理レジームに参加している各国の輸出管理は通常、許可制度（licensing）の形態を採っている。企業から許可申請があった場合には、輸出管理当局がその審査を行うが、これを民生用に使用するのか軍事用に使用するのかという視点から的確に判定することが不可欠となる。また、規制対象となる品目の範囲は国際輸出管理レジームの合意内容に応じて各国共通であるが、従前のココムの仕組みとは異なり、各国が独自に審査し判定を行うものである。その一方で、国際的に共通な輸出管理の実効を挙げるため、ある国で審査の結果不許可となった事案があればその輸入者や仲介者は同じ品目を他国から調達するように動くということを予期し、拒否通報制度やノー・アンダーカット・ルールが設けられている。ノー・アンダーカット・ルールとは、拒否通報を行った国との協議なしには別な国で同一事案に許可をすることができないという制度である。これによって、各国個別の輸出規制であることが「抜け道」となることなく、的確に危険要素を排除できるものとなっているのである。

ＮＳＧ（原子力供給国会合）

ＮＳＧ（原子力供給国会合：Nuclear Suppliers Group）では、核兵器関連で用いられるおそれのある貨物や技術を規制対象としてリスト掲載している。これは、ウランなど核分裂をする物質のみを対象としているものではない。核兵器そのものを構成することになる物質や、核兵器を製造するために用いられることのある製造・試験用器具装置など広範な品目に及ぶ。

核兵器のうち核分裂を利用した爆弾が、原子爆弾である。原子爆弾は、核分裂をするウランやプルトニウムを材料とし、これらの瞬時の連鎖的核分裂の際に放出される莫大なエネルギー、すなわち核爆発を起こす仕組みの兵器であり、連鎖的核分裂を引き起こすための高濃度に濃縮した核分裂物質と、核分裂の最初のトリガーとなる高性能火薬を必要とする。広島型の原子爆弾はウラン濃縮型であり、長崎型の原子爆弾はプルトニウム型であった。

天然ウランは、そのままでは核分裂を起こさないウラン二三八と核分裂を起こすウラン二三五から構成される。核分裂を起こすウラン二三五はそのうちわずか〇・七％を占めるに過ぎず、核兵器を製造するにはこれを核爆発するレベルまで濃縮する過程が必要となる。つまり、ウラン二三五の比率を高める工程が必要となる。原子力発電用の燃料であればこのウラン二三五の濃度は二～五％程度で足りるが、核兵器のレベルでは九〇％以上の濃度にまで高められることが必要となる。

兵器の種類による国際輸出管理体制

	大量破壊兵器関連				
	核兵器関連	生物・化学兵器関連		ミサイル関連	通常兵器関連
条約	NPT 核兵器 不拡散 条約 1970年発効 190カ国締約	BWC 生物兵器 禁止条約 1973年発効 159カ国締約	CWC 化学兵器 禁止条約 1997年発効 182カ国締約		
国際輸出管理レジーム	NSG 原子力供給国会合 1977年発足 45カ国参加	AG オーストラリア・グループ 1985年発足 40カ国参加		MTCR ミサイル技術管理レジーム 1987年発足 34カ国参加	WA ワッセナー・アレンジメント 1996年発足 40カ国参加

（出所）経済産業省
（注）各国際輸出管理レジームの参加国は、巻末参考資料3に掲載。

この過程では、ウラン鉱石から「イエローケーキ」（ウラン酸ナトリウム、ウラン酸アンモニウム）を製造し、これをフッ素化合物（六フッ化ウラン；UF6）に転換（conversion）して気体状とし、超高速で回転する遠心分離機の中に入れて濃縮（enrichment）する、いわゆる遠心分離法などが使用される。遠心分離法では、ウラン二三五とウラン二三八との分子の質量差に着目して濃縮するものである。

プルトニウムは天然には存在しない物質であり、ウラン燃料を燃やす工程を通じて製造される。この使用済み燃料を再処理（reprocessing）して初めてプルトニウムを抽出できるが、九四％以上の純度に至って核兵器級となる。

他方、水素爆弾は、核融合反応を利用した核兵器である。水素爆弾は、まず核分裂による一次爆発を起こし、その際に発生する高温高圧や放射線を利用して重水素の核融合反応を起こすというものである。このため、核分裂関連の原燃料や資機材とともに重水の凝固剤などが製造過程で必要となる。

このような核兵器の製造工程を構成するいろいろな機器類や技術は、核燃料物質そのものと並び、核不拡散問題の上で最も要注意なのである。

こうして、核兵器の不拡散という国際的要請に対応するため、核兵器関連の輸出管理では、核燃料物質だけでなくその製造工程で使用される貨物、製造工程で使用される貨物を製造・試験するための貨物などに広がって規制が行われる必要が出てくるのである。この規制対象を共通に設定するため、核兵器分野の国際輸出管理レジームとしてＮＳＧが存在する。

ＮＳＧは、原子力関係の資機材を供給する能力のある国の間で輸出の条件について調整することを目的として、一九七七年に結成された。これは、インドが一九七四年に実行した核実験が契機であった。インドは、ＩＡＥＡ（国際原子力機関）による保障措置の下にありながらも核実験を実行し、国際社会に核拡散の危険性を認識させ、原子力関係の資機材を輸出する際に核拡散のおそれを排除するための仕組みが必要と意識させたのである。

ＮＳＧは国際条約ではなく、参加国政府がＮＳＧの指針（ガイドライン）という紳士協定を尊重し、その内容を各国の国内法により実施するという方式をとるものである。二〇〇七年時点では、日本を含む四五カ国がＮＳＧに参加している。なお、日本は結成当初から参加している。

ＮＳＧは当初、原子力活動に使用するために特別に設計された品目（「原子力専用品」）とこれに関連する技術の輸出を対象としていた。「ＮＳＧ　ガイドライン・パート１」と呼ばれる指針である。しかし湾岸戦争後には、イラクが密かに核開発計画を進めていたことが発覚したことにより、より広範な品目を規制の対象とする必要が認識され、原子力活動に使用され得る資機材（「原子力関連汎用品」）やこれに関連する技術にも拡大されている。これが「ＮＳＧ　ガイドライン・パート２」と呼ばれる指針である。

「ＮＳＧ　ガイドライン・パート１」では、輸出管理の対象となる原子力専用品として、核物質をはじめ核物質の製造に用いられる設備やその設備の原材料・部分品などを対象としている。具体的には、プルトニウム・ウランなどの核物質のほか、原子炉、再処理プラント、濃縮プラント、重水・原子炉級黒鉛などがこれにあたる。これら原子力専用品の非核兵器国への輸出に際しては、

(イ)核実験等の核爆発目的に使用しない旨の受領国政府からの公式の保証を得ること

(ロ)受領国においてＩＡＥＡの包括的保障措置が適用されていること

(ハ)受領国において外部からの侵入・接触から核物質を保護するための措置がとられていること

(ニ)受領国が輸入した品目を第三国へ再移転しようとする場合には、原供給国に与えた保証と同一の保証を当該第三国から取り付けること

の四条件を受領国に義務付けることとされている。したがって、これら四条件が一つでも満たされない場合には、仮に国内の輸出者から輸出許可申請が出されても参加国は許可できないこととなる。

「ＮＳＧガイドライン・パート２」は、原子力関連汎用品やその関連技術を輸出管理対象としている。具体的には、産業用機械、材料、ウラン同位元素分離装置、重水製造プラント関連装置、核爆発装置開発のための試験装置、計測装置などが対象品目となる。ＮＳＧガイドライン・パート２では、原子力関連汎用品や関連技術の輸出が次のいずれかにあたる場合には、その輸出を許可すべきでないとしている。

(イ)非核兵器国における核爆発活動や、ＩＡＥＡの保障措置の適用を受けていない核燃料サイクル活動に使用される場合
(ロ)核爆発活動への転用や保障措置の適用を受けていない核燃料サイクル活動への転用のリスクがある場合や、対象品目の移転が核兵器の拡散を防止するという目的に反する場合
(ハ)核テロへの転用のリスクがある場合

このため、原子力関連汎用品の輸出許可申請に対しては、その用途や使用者を個別に確認し慎重に許可の可否を判定することとなるのである。

こうして、ＮＳＧではこれらの関連貨物をリスト化し、輸出管理が必要されるリスト品目として指定している。日本国内では外為法に基づく輸出貿易管理令の別表第一が輸出規制の対象を示しているが、現実にＮＳＧで規制対象とされている品目は輸出貿易管理令の別表第一のうち二項に掲載されている。規制品目数は、数え方にもよるが、輸出貿易管理令の別表第一の二項では約五〇品目となっている。

次頁の表に掲載されている品目が輸出貿易管理令の別表第一の二項に示される品目であるが、これらはさらに下位規定によって具体的に限定され、また品目ごとに一定レベル以上の内容・機能・能力などのスペック（仕様・性能）を規定し、規制が適用されるのはそのスペックをもつものに限定されることとなっている。核兵器の製造に関係が薄いとみられる低スペックのものを規

核兵器関連貨物として輸出に際し許可が必要とされるもの
(輸出貿易管理令別表第一の二項に掲載される貨物)

別表第1の項	品目名
2(1)	核燃料物質・核原料物質
2(2)	原子炉・原子炉用発電装置
2(3)	重水素・重水素化合物
2(5)	核燃料・核原料物質分離再生装置
2(6)	リチウム同位元素分離装置・核燃料物質の成型加工用装置
2(7)	ウラン同位元素分離用装置
2(8)	周波数変換器
2(9)	ニッケル粉・これを用いた多孔質金属
2(10)	重水素・重水素化合物の製造装置
2(10の2)	三酸化ウラン・六ふっ化ウラン・二酸化ウラン・四ふっ化ウラン・金属ウランの製造装置
2(11)	しごきスピニング加工機
2(12)	数値制御工作機械・測定装置
2(13)	誘導炉・アーク炉、プラズマ・電子ビームを用いた溶解炉
2(14)	アイソスタチックプレス
2(15)	ロボット
2(16)	デジタル制御方式振動試験装置
2(17)	アルミニウム合金・繊維・マルエージング鋼・チタン合金
2(18)	ベリリウム・ベリリウム合金・ベリリウム化合物
2(19)	核兵器起爆用アルファ線源用物質
2(20)	ほう素10
2(21)	核燃料物質製造用還元剤・酸化剤
2(22)	アクチニド耐食性の坩堝
2(23)	ハフニウム・ハフニウム合金・ハフニウム化合物
2(24)	リチウム・リチウム合金・リチウム化合物等
2(25)	タングステン・タングステン炭化物・タングステン合金
2(26)	ジルコニウム・ジルコニウム合金・ジルコニウム化合物
2(27)	ふっ素製造用電解槽
2(28)	ガス遠心分離器ロータ製造用・組立用装置
2(29)	遠心力式釣合試験機
2(30)	フィラメントワインディング装置

2(31)	ガスレーザー発振器・固体レーザー発振器・色素レーザー発振器
2(32)	質量分析計・イオン源
2(33)	六ふっ化ウラン耐食性の圧力計・ベローズ弁
2(34)	ソレイノイドコイル形超電導電磁石
2(35)	真空ポンプ
2(36)	直流電源装置
2(37)	電子加速器・フラッシュ放電型のエックス線装置
2(38)	発射体を用いる衝撃試験機
2(39)	機械式・電子式のストリークカメラ・フレーミングカメラ
2(40)	流体速度測定用の干渉計、マンガニンを用いた圧力測定器、水晶圧電型圧力センサを用いた圧力変換器
2(41)	核兵器起爆（試験）用貨物
2(42)	光電子増倍管
2(43)	静電加速型の中性子発生装置
2(44)	遠隔操作のマニピュレーター
2(45)	放射線遮蔽窓・窓枠
2(46)	耐放射線テレビカメラ・レンズ
2(47)	トリチウム・トリチウム化合物・トリチウム混合物
2(48)	トリチウム製造・回収・貯蓄装置
2(49)	トリチウム回収用・重水製造用の白金を用いた触媒
2(50)	ヘリウム3

(注) 表中の品目名は、包括的に簡略化して表示されているものであり、同一の欄の中にその部分品や附属装置などを含むことがある。正確には、輸出貿易管理令の該当部分に明示されている。

制対象とすることは、やみくもに規制範囲が拡大し、本来自由であるべき国際通商に過剰な制約となるためである。例えば二項（17）の「繊維」はおよそ繊維を規制対象としているものでなく、炭素繊維やアラミド繊維などの種類に限定されている。また、二項（12）の「数値制御工作機械」では、一定の精度に至らないものはリスト規制の対象外とされる。

また、貨物の輸出だけでなく、これらをそれぞれ設計したり製造したりするための技術や、さらにはこれらを使用するための技術についても、外国に提供する場合については同様に許可が必要とされる。外国で容易に製造できるようになることは、単体としての貨物の輸出が行われること以上に拡散の脅威となることが予期されるからである。

オーストラリア・グループ

オーストラリア・グループ（Australia Group; AG）では、化学兵器・生物兵器関連で用いられるおそれのある貨物や技術を規制対象としてリスト掲載している。ここでは化学兵器や生物兵器の禁止を目的とするＣＷＣやＢＷＣとは異なり、そのための関連貨物や技術について輸出管理を行うものであるため、毒性の強い化学製剤や細菌製剤のみを対象としているものではない。化学製剤や細菌製剤を製造するために用いられることのある製造・試験用器具装置などの汎用品にも規制を適用することとしており、この点で核兵器関係の輸出管理を規定しているＮＳＧと同様である。こうして、オーストラリア・グループによって規制対象とされる化学兵器関連の品目は、化学製剤やその原材料のほか、反応器・貯蔵容器・熱交換器・ポンプなどに及ぶ。また、生物兵器関連でも同様に、物理的封じ込め用の装置・発酵槽・ろ過装置・凍結乾燥器などが規制対象に加えられている。

オーストラリア・グループは国際条約ではなく、参加国政府がその合意内容を各国の国内法により実施するという方式をとるものである。二〇〇七年時点では、日本を含む四〇カ国がオーストラリア・グループに参加している。

オーストラリア・グループは、化学剤の生産能力を持つ国が輸出管理における協調を行うことを当初の目的として、一九八五年に発足した。これはその前年、イラン・イラク戦争の際にイラクにより化学兵器が使用され、その化学兵器開発に用いた原材料の多くが通常の貿易を通じて入手された汎用品であったことが判明したことが契機であった。この事実の判明により、自国の化学産業が他国の化学兵器開発に悪用されることがないよう、化学剤の輸出管理を強化する必要性は各国共通の認識となったのである。日本は、発足当初から参加している。

その後、一九八九年にはリビアの化学兵器開発計画においてその製造機器の供給源がオーストラリア・グループ参加国であったことが明らかとなり、一九九一年には化学兵器関連の製造設備やその関連技術を規制対象に加えた。また、一九九三年には規制対象として、生物剤や生物兵器

化学兵器・生物兵器関連貨物として輸出に際し許可が必要とされるもの

(輸出貿易管理令別表第一の三項、三の二項に掲載される貨物)

化学物質	化学物質*
化学兵器関連製造設備類	反応器
	貯蔵容器
	熱交換機若しくは凝縮器又はこれらの部分品
	蒸留塔若しくは吸収塔又はこれらの部分品
	充てん用の機械
	かくはん機又はその部分品
	弁又はその部分品
	多重管
	ポンプ又はその部分品
	焼却装置
	空気中の物質を検知する装置又は検出器
生物剤	ウィルス*
	細菌*
	毒素*
	ウィルス等の核酸の塩基配列サブユニット*
	ウィルス等の核酸の塩基配列*
生物兵器関連製造設備類	物理的封じ込めに用いられる装置
	発酵槽
	遠心分離機
	クロスフローろ過用の装置又はその部分品
	凍結乾燥器
	物理的封じ込め施設において用いられる防護のための装置
	粒子状物質の吸入の試験用の装置
	噴霧器若しくは煙霧機又はこれらの部分品

(*) 対象となる化学物質や生物剤は、個別に指定されている。

関連の製造設備やその関連技術も加えられるに至った。

こうして、オーストラリア・グループではこれらの関連貨物や技術をリスト化し、輸出管理が必要とされるリスト品目として指定している。その結果、規制品目となる貨物は現在、

(i)化学兵器の原材料となる化学物質
(ii)化学兵器製造設備類(反応器、貯蔵容器等)一一品目
(iii)生物兵器関連の生物剤(人間、動物、植物に対するウィルス・毒素等)
(iv)生物兵器関連製造設備類八品目

となっている。これらは、日本国内では、輸出貿易管理令の別表第一のうち三項(化学兵器関連)と三の二項(生物兵器関連)に掲載されている。さらに具体的には、下位規定によって限定され、また品目ごとに一定レベル以上の内容・機能・能力などのスペックを規定し、規制が適用されるのはそのスペックをもつものに限定されることとなっている。核兵器に関するものと同様、化学兵器や生物兵器の製造に関係が薄いとみられるスペックのものを規制対象とすることは、やみくもに規制範囲が拡大し、本来自由であるべき国際通商に過剰な制約となるためである。

また、化学兵器関連や生物兵器関連でも、こうした貨物に関連する技術を外国に提供する場合には同様に許可が必要とされる。ひとたび外国に技術が移転し、外国で容易に製造できるように

なることは、より強力な拡散の脅威となるからである。

ＭＴＣＲ（ミサイル技術管理レジーム）

大量破壊兵器の中核は核兵器であり、その運搬手段の現代の主力は弾道ミサイルを中心としたミサイルである。ミサイルはそれ自体が大量破壊兵器たる性質をもっているわけではないが、このために大量破壊兵器関連の兵器と呼ばれる。ミサイルについて何らかの制限を課すことは、大量破壊兵器の製造や保有を禁止・制限する国際約束を補完するものとして重要な意義をもつのである。もっとも、ミサイルはその形態や機能が多種多様であり、そのうち一定範囲のものに限定して大量破壊兵器関連と位置づけられている。

ＭＴＣＲ（ミサイル技術管理レジーム；Missile Technology Control Regime）は、こうした大量破壊兵器の運搬手段となるミサイルや、その開発に寄与する関連設備などの輸出を規制することをその目的とする国際輸出管理レジームである。ＭＴＣＲは、核兵器の運搬手段となるミサイル・ミサイル関連汎用品を対象として、一九八七年四月に発足した。その後一九九二年には、生物兵器・化学兵器を含めた大量破壊兵器を運搬することが可能なミサイルとその関連汎用品などを規制対象とすることになった。こうしてＭＴＣＲでは、大量破壊兵器の運搬手段となるミサイル等に関連して用いられるおそれのある貨物や技術を規制対象としてリスト掲載している。二〇〇七年時点では、ＭＴＣＲの参加国は三四カ国にのぼる。日本は、発足の当初から参加している。

なお、ＭＴＣＲは、名称にはミサイルという語が用いられているが、大量破壊兵器の運搬手段はミサイルに限定されず、現に無人航空機なども一部この規制に加えられている。

そもそもミサイル自体が、核兵器や化学兵器、生物兵器とは異なり、その開発も製造も禁止されていないという点に特徴がある。つまり国内に閉じた形でミサイル開発が行われるに当たっては、禁じられるものとはなっていないのである。国際的には前出の「ハーグ行動規範」（Hague Code of Conduct against Missiles Proliferation）が二〇〇二年に採択されているが、国際的に拘束力のあるものではない。しかしながらミサイルは大量破壊兵器の運搬手段の主力であり、その不拡散は国際平和のうえで極めて重要度の高いものと位置づけられる。

前述のとおりミサイルでは、弾道ミサイル（Ballistic Missiles）と巡航ミサイル（Cruise Missiles）の二タイプが中心的存在である。弾道ミサイルは、放物線のような弾道を描いて飛ぶミサイルで、ロケットエンジンを用いて大気圏外にまで高く打ち上げたり、弾頭を軽量化することなどにより長距離の射程をもつことが可能である。これに対し、巡航ミサイルは空気吸入式エンジンを用いるもので、飛行中に経路を修正することにより命中精度を高めることができる点に特徴がある。

ミサイルは、あくまでも飛行する運搬手段であるため、その主要構成要素は推進装置、ミサイル燃料、誘導装置であり、さらに搭載され得る弾頭が主要関連要素である。

推進装置では、燃焼室などの構造材が高温高圧に耐えるものであることが求められ、高張力鋼や炭素繊維などが用いられる。

燃料には、液体燃料と固体燃料の二種類がある。弾道ミサイルの場合には、空気の薄い高空を飛行することから、燃料のみでなく酸化剤を併せて積載する仕組みを採る。液体燃料は、燃料をミサイルに注入した後に長期間にわたり保存しておくことができないため、発射時点に近いところで燃料注入を行う必要があり、その手間を要することから、固体燃料のミサイルに比べて機動性がなく不利であると言われる。一方、液体燃料の有利性として、燃焼スピードの調整ができることが挙げられ、これにより命中精度を高めることも可能である。

ミサイルの誘導装置は、航法システムである。現在では、一般に慣性航法が使用され、さらにこれを補完するためにGPS（Global Positioning System）衛星を用いて位置を確認する航法も併用される。慣性航法を使用するうえで、地球自転角速度を計測するジャイロと、重力加速度を計測する加速度計とが用いられる。命中精度はミサイルの機能として非常に重要な要素であり、誘導装置の働きによりCEP（半数必中半径；Circular Error Probable）を小さくすることは威力を高めることとなる。

弾頭はミサイルの運搬対象物であり、ペイロードとも呼ばれる（日本の法令上では「ペイロード」の語が使用されている）。弾頭の役割は、大気圏への再突入などの衝撃から搭載物を守り、ミサイルの目標に対して正確かつ安全に到達し、搭載されている兵器を適切に起動させることを可能とすることである。このため強固な構造は必要不可欠とされる。

こうしたミサイルが持つ大量破壊兵器の運搬手段としての機能に着目し、その拡散を防止するため、ミサイル燃料や構造材のみならずこれらの製造工程で使用される貨物や、さらに製造工程で使用される貨物を製造・試験するための貨物などに広がって規制が行われる必要が出てくるのである。

特にMTCRはもともと、核兵器の運搬に使用されるミサイルを対象として発足していたものであった。このため核兵器の運搬という脅威が高い範囲のものとして、「搭載される弾頭が五〇〇キログラム以上かつ射程距離三〇〇キロメートル以上」という概念を設定し、これにあたるものを高い管理レベルに置くべき対象であるとして「カテゴリー1」とした。カテゴリー1に属しないもののうち輸出管理により規制すべきものとして、「カテゴリー2」が設定された。また、ミサイル以外の運搬手段として、生物兵器などの散布にも使用できる機能をもつ無人航空機もMTCRによる規制の対象とされている。

カテゴリー1は「品目1」と「品目2」から構成され、そのうち「品目1」には五〇〇キログラム以上の搭載能力かつ三〇〇キロメートル以上の射程距離をもつロケット・システムのほか、この機能をもつ無人航空機システム、これらシステムのために特別に設計された生産施設やその

ミサイル関連貨物として輸出に際し許可が必要とされるもの（輸出貿易管理令別表第一の四項に掲載される貨物）

別表第1の項	品目名
4（1）	ロケット・ロケット製造試験装置
4（1の2）	無人航空機
4（2）	ロケット誘導装置・試験装置
4（3）	推進装置
4（4）	しごきスピニング加工機
4（5）	サーボ弁・推進薬制御装置用ポンプ
4（6）	推進薬・原材料
4（7）	推進薬の製造・試験装置
4（8）	粉粒体用混合機
4（9）	ジェットミル・粉末金属製造装置
4（10）	複合材料、繊維・プリプレグ・プリフォーム製造装置
4（11）	ノズル
4（12）	ノズル及び再突入機先端部製造装置
4（13）	アイソスタチックプレス
4（14）	複合材用の炉
4（15）	ロケット用構造材料
4（16）	ロケット用加速度計・ジャイロ
4（17）	ロケット用飛行・姿勢制御装置
4（18）	ロケット用アビオニクス装置
4（19）	航空機・船舶用重力計、重力勾配計
4（20）	ロケット発射台・支援装置
4（21）	無線遠隔装置・制御装置
4（22）	ロケット搭載用電子計算機
4（23）	ロケット用 A/D コンバータ
4（24）	振動試験装置・風洞等
4（24の2）	ロケット設計用の電子計算機
4（25）	音波・電波等減少用材料・装置
4（26）	ロケット用 IC・探知装置・レードーム

（注）表中の品目名は、包括的に簡略化して表示されているものであり、同一の欄の中にその部分品や附属装置などを含むことがある。正確には、輸出貿易管理令の該当部分に明示されている。

関連技術が属する。「品目2」には品目1のシステムに使用可能なサブシステムとそのために特別に設計された生産施設が属する。サブシステムとしては、多段ロケットの各段、推進装置、ロケットモーターなどが含められる。カテゴリー1に属する品目の輸出については、各国は特別な自制を働かせ、輸出を拒否するという強い推定がなされるとされている。使用目的に関係なく原則的に拒否となるという厳格な取り扱いが規定されているのである。

カテゴリー2は、カテゴリー1の品目に利用が可能な汎用品が中心であり、三〇〇キロメートル以上の射程距離をもつが搭載能力は五〇〇キログラム未満であるロケット・システム、この機能をもつ無人航空機システム、噴霧機能をもつ無人航空機システム、これらに使用することが可能なサブシステム、推進薬、構造材料、ジャイロスコープなどが含まれる。カテゴリー2に属する品目の輸出については、ケース・バイ・ケースで判断されるのが原則である。

このようにMTCRでは、ミサイルをも含め関連品目の輸出を禁止する仕組みとはなっていない。輸出国側の当局が自制を働かせて決定するというものである。その際には、大量破壊兵器の拡散の懸念、輸出先国のミサイル計画の能力と目的、大量破壊兵器運搬システムの開発の可能性からみた移転の意味合い、用途、関連する多数国間協定、テロリストにわたる危険について考慮することとされる。

こうして、MTCRではこれらの関連貨物をリスト化し、輸出管理が必要されるリスト品目として指定している。ここの規制品目は、輸出貿易管理令の別表第一では四項に掲載されているものがこれに対応するが、そこでは約三〇品目となっている。さらに具体的には、下位規定によって限定され、また品目ごとに一定レベル以上の内容・機能・能力などのスペックを規定し、規制が適用されるのはそのスペックをもつものに限定されることとなっている。

また、貨物の製造などのための技術は、ひとたび移転してしまうと返還になじみがたく、繰り返し使用できるという技術独特の性質がある。このため、規制対象となる貨物の輸出単体の場合に劣らず、技術の外国への提供には的確な規制が必要となる。現に、これらミサイル関連の設計技術や製造技術などには、同様に許可制が採られている。

ワッセナー・アレンジメント

大量破壊兵器やその運搬手段に関連する国際輸出管理レジームのほかに、通常兵器関連の国際輸出管理レジームとして、ワッセナー・アレンジメント（Wassenaar Arrangement）が存在する。これはワッセナー協約とも呼ばれ、正式には「通常兵器及び関連汎用品・技術の輸出管理に関するワッセナー・アレンジメント」（The Wassenaar Arrangement on Export Controls for Conventional Arms and Dual-Use Goods and Technologies）という名称である。ワッセナー・アレンジメントでは、兵器のほか、通常兵器関連で用いられるおそれのある貨物や技術を規制対象としてリスト掲載している。

東西冷戦の終結に伴いココムは消滅したが、その一方でイラクによるクウェート侵攻（一九九〇年）のように新たな地域紛争の多発が懸案となった。このため、地域の安定を損なうおそれのある通常兵器やその製造に必要とされる貨物・技術の過度の移転と蓄積の防止が新たな国際的課題となり、これに対応するために一九九六年七月に設立されたのがワッセナー・アレンジメントである。

ワッセナー・アレンジメントは、通常兵器やその関連汎用品の製造・供給能力をもち、併せてこうした武器・汎用品の不拡散のために努力する意思を有する参加国による法的拘束力のない紳士的合意である。ココムがその規制対象地域を共産圏に限定していたのに対し、ワッセナー・アレンジメントでは特定の対象国・地域に限定していない点に大きな相違がある。二〇〇七年時点では四〇カ国が参加している。日本はワッセナー・アレンジメントの発足当初から参加している。

ワッセナー・アレンジメントは、通常兵器や関連汎用品・技術の過度の蓄積を防止することによって、地域および国際社会の安全と安定を図ることを本来目的としている。規制対象となる品目は多岐にわたり、兵器として輸出管理の対象とされるべき軍事品目（munitions）のほか、通常兵器の製造などに用いられることのある汎用品として、先端素材・材料加工・エレクトロニクス・コンピュータ・通信関連・センサー・航法装置・海洋関連・推進装置といった大区分から構成されている。これらの各区分において個々の規制対象貨物をリスト化し、輸出管理が必要とされるリスト品目として指定している。なお、この大部にわたる汎用品については、品目によって機微性（軍事的な価値の高さ）に違いがあることを受け、より機微な品目リスト（Sensitive List）と特に機微な品目リスト（Very Sensitive List）が設定され、その機微性に応じて手続きが加重される仕組みが採られている（本書巻末の参考資料6参照）。

各参加国は、ワッセナー・アレンジメントの合意品目について、それぞれの国内法制度により輸出管理を行うこととされている。日本では、輸出貿易管理令の別表第一の一項で軍事品目を、五項から十五項まではジャンルに区分して汎用品を規定している。さらに具体的には下位規定によって限定され、また品目ごとに一定レベル以上の内容・機能・能力などのスペックを規定し、規制が適用されるのはそのスペックをもつものに限定されることとなっている。

ここで注意すべきは、大量破壊兵器とは異なり、通常兵器の場合にはそもそも原則的に国際間の移転は禁止されていないという点である。ワッセナー・アレンジメントのリストは軍事品目と汎用品とに区分され、さらに汎用品リストは貨物の軍事的側面から見た機微度によって3ランクに分けられ、その機微性に応じて規制のレベルに違いがあるものとなっている。しかしその輸出の可否については、それらのいずれについてもココムの時代とは違って各参加国の判断によって決せられるのであり、他の国に拒否権があるものとはならない。

このことは、ワッセナー・アレンジメントに参加するということは、堂々と自主判断により通常兵器を輸出できるという見方にもつながり得る。ココムの時代の拒否権が他国の輸出機会に対する妨害の機能をもつというパラドックスに通じていたのと反対に、この点はワッセナー・アレンジメント時代における輸出管理のパラドックスともなりかねない。こうした点を補うため、ワッセナー・アレンジメントでは参加国間の移転通報制度を設けている。また同時に、各国が共同して輸出管理を行う趣旨を確保するため、何らかの理由でワッセナー・アレンジメント非参加国への移転を拒否した場合、こうした拒否事実を報告するといった制度が設けられている。もっとも、こうしたワッセナー・アレンジメントの仕組み自体も、武器市場に向けた輸出を有利に拡大させたいという思惑を持つ武器輸出大国同士のせめぎ合いの結果ではある。

ワッセナー・アレンジメントを含め各国際輸出管理レジームにおけるリスト品目には、他の国際輸出管理レジームのリストにも重複して掲載されているものも少なくない。そうした重複適用の可能性がある品目の場合にどのような規制対象として整理されるかについては、各参加国の判断によるものとなっている。日本では一般に、大量破壊兵器の懸念度は通常兵器より高いものであることから、例えば輸出貿易管理令の別表第一の二項（核兵器関連）に該当する貨物が同時に六項（通常兵器関連の材料加工）にも重複して適用され得る場合には、二項のみの適用として整理されている。

また、これら通常兵器関連貨物の製造などのための技術についても、拡散の脅威を防止するために適切な規制の下に置かれるのは国際的に共通の考え方であり、日本でもこうした技術の外国への移転は外為法による許可制の下に置かれている。

5　近年の国際的要請

これまで見てきた国際輸出管理レジームによる輸出管理は、特定の地域ブロックに対する経済防衛的仕組みではない。あくまでも大量破壊兵器を中心とした「不拡散」を目的とするものである。このため、汎用の技術や貨物の場合には、その用途が不拡散の目的を損なうものでないことが確認されれば、各国の判断で許可されることとなるものである。規制の対象であることは、決して許可されないことを意味しているものではないのである。これが、不拡散目的下での輸出管理である。安全保障をめぐる国際環境の変化などに応じて新たなテーマが持ち上がることは常にあることだが、その場合もこうした目的と基本的枠組みのうえで処理されるのである。

これに対して近年は、同じ目的を持ちながらもこれまでの仕組みの限界を超える要請が持ち上がっている。このうち一つがテロリストなどの非国家主体（non state actor）への拡散を防止するための輸出管理であり、もう一つが規制品目リスト以外のものに関する対応である。

非国家主体への不拡散を目的とした輸出管理については、これまでの輸出管理が輸出先国を単位とした仕組みとなっていることとの関係で、新たな要素を抱える。

まず第一に、従来の国を単位とした懸念度とは別個の尺度をもって規制を運用することが求められることになる。しかしこの点に関しては、すでに不拡散目的の輸出管理の下で、輸出や技術提供の可否はその用途や需要者によって判断されるものとなっている。

第二の点としては、輸出先国の輸出管理が信頼できるものであることを前提とした制度の基盤が崩れることである。輸出管理を厳格に実行している国に向けた輸出や技術提供は、その後の管理はその相手先国の輸出管理を信頼し、これに委ねることができるというのが従来の共通理解であった。ところが、輸出管理を厳格に実行している国の中にもテロリストは潜在するため、その国の中で懸念される用途に使用されるおそれは払拭されない。このため、この従来の共通理解なるものはその一角が崩れてしまうのである。この点に対しては結局、こうした共通理解にも切込みを入れて輸出管理を実施する以外の解決策がないのは明らかである。

一方、近年ではそれぞれの国際輸出管理レジームにおいて、規制品目リストにあるもの（リスト規制品）以外であってもその用途如何によっては規制の対象とするという仕組みが求められるようになっている。これがリスト規制品に限定されず、すべてが規制対象となり得るという意味で、「キャッチオール規制」（あるいは非リスト品規制）と呼ばれるものである。これは、技術の進歩に対して規制品リストの改訂作業に時間的ズレが伴うことに加え、一九九〇年の湾岸戦争においてイラクが非リスト規制品を使用した核開発計画を持っていたことが明らかとなったことが背景にある。

キャッチオール規制の下では、予めリスト掲載されていない品目であっても、その用途によっては規制が適用される。したがって、規制が及び得る対象品目の範囲は、格段に広がる。ただし、通常の場合には規制が適用されない。規制が適用され許可が必要となるのは、輸出や技術提供を行おうとする者が特別な情報に接しているか、あるいは輸出管理当局からの指示があるかのいずれかの場合に限られる。その他の場合には、許可を受けることはまったく必要とされない。

「輸出や技術提供を行おうとする者が特別な情報に接している」というのは、その貨物や技術が規制目的にあたる懸念用途に用いられるという情報に接している場合のことである。ここでいう懸念用途とは、例えばNSGの場合であれば核兵器を開発することやこれを使用することなどを指す。つまり、懸念用途に用いられるということを知る立場になければ、規制は適用されず、特段に許可を得る必要もないのである。このような内容から見れば、キャッチオール規制があくまでも補完的な規制であることは明らかであろう。

核兵器関係をはじめ大量破壊兵器関係では、アメリカでは一九九一年に、EUでは一九九五年に、また日本では二〇〇二年にキャッチオール規制が導入されている。

一方、ワッセナー・アレンジメントについて言えば、その設立目的は、国際関係が不安定となり地域紛争を招来することを回避するということである。したがって、通常兵器が過剰に蓄積したり過剰に移転したりすることを防止することが規制の本来的意義である。このため、通常兵器関連の非リスト品規制もこうした考え方に立脚することとなる。

ワッセナー・アレンジメントでは、二〇〇三年に非リスト汎用品規制（Control of Non-listed Dual-Use Items）を導入することが合意された。いわゆる「通常兵器キャッチオール規制」である。この合意では、規制の適用にいくつかの重要な限定が加えられる。まず第一に、「武器禁輸国」向けに限定されることである。第二に、その輸出が「軍事用途」に関連する場合に限定されることである。第三に、輸出者が「軍事用途」に用いられることを知っている場合や、輸出国の当局が独自に輸出者に通知した場合に、適用が限定されることである。

このうち、「武器禁輸国」については、ワッセナー・アレンジメント合意において、国連安全保障理事会で決議された武器禁輸国と地域的な武器禁輸国が対象となることが規定されている。現在は、国連安保理で武器禁輸が決議されている国は十カ国程度であり、リベリアなどアフリカの国々が大半を占め、残りはアジアにある。これらは、内戦などの紛争当時国である。換言すれば、兵器類そのものの国際間移転が基本的には否定されていない考え方の上に成り立っているワッセナー・アレンジメントでは、その延長線上にある非リスト汎用品規制についても、単に通常兵器に関係して用いられるということであれば規制するという考えにはつながらない。非リスト品規制の移転によって通常兵器が過剰に蓄積し地域的紛争を誘発するという場合に初めて管理の対象とすればよく、しかも単に近隣国との緊張関係があるに過ぎないというだけではその対象となるものではないという考え方が採られているのである。

こうした通常兵器関係の非リスト品規制は、ヨーロッパ諸国では既にキャッチオール規制方式で実施されているが、アメリカや日本ではワッセナー・アレンジメント合意を受けた制度はこれまで導入されておらず、その導入が求められている。

非国家主体への不拡散を目的とした輸出管理や非リスト品規制に関する輸出管理は、ともに、近年の国際的な安全保障の上で極めて重要な要請事項である。一方、その趣旨はあくまでも大量破壊兵器や通常兵器に関連した不拡散であり、国際輸出管理レジームの目的の一環である。

これに対し、二〇〇七年にアメリカが中国向けに新たに導入した規制は、こうした近年の国際的要請や動向とは全く別個のものであることは明らかである。このアメリカの動きは、ワッセナー・アレンジメント合意による「通常兵器キャッチオール規制」とは本質的に異なり、輸出管理の世界に新たな要素を取り込んだ動きを示したものなのである。

（参考）ワッセナー・アレンジメント合意による非リスト規制のポイント

一　非リスト規制品を武器禁輸国向けに輸出する場合に、輸出国当局が輸出者にその品目が「軍事用途」（military end-use）に用いられるかもしれない旨の通知（inform）をしたときは、その輸出には許可（authorisation）が必要となる。

二　輸出者が、その品目が「軍事用途」に用いられると知っている（aware）ときは、輸出者は当局に連絡（notify）せねばならず、当局はその輸出を許可制の対象とするか否かを決定する。

三　「軍事用途」は、各国の武器リスト（military list）上の規制品に関連して使用することであり、各国がそれぞれ国内的に定義を決定する。

四　武器禁輸国としては、(i)国連安保理の武器禁輸国※のほか、(ii)それぞれの地域における武器禁輸国が対象となる。

※国連安保理決議による武器禁輸国
リベリア、コートジボワール、アフガニスタン、ソマリア、ルワンダ、コンゴ民主共和国、スーダン、イラク、シエラレオネ、レバノン、北朝鮮

（出所）産業構造審議会・安全保障貿易管理小委員会資料（二〇〇六年）

（注）ワッセナー・アレンジメント合意による非リスト規制の詳細は、巻末欧文参考資料1参照。

第2章　中国に対するアメリカの視線

アメリカと中国との関係は、一九四九年十月の中華人民共和国の成立宣言以降、紆余曲折を経て今に至っている。

冷戦当時は中国が東側ブロックに属する共産主義国であり、共産主義の拡大を阻むことを命題とするアメリカの「封じ込め」政策の対象地域であった。しかし、冷戦時代の東側ブロックの盟主はソ連である。冷戦の中にあっても、中ソ対立の流れや中国自体の改革は、中国とアメリカの接近をもたらした。一方、これと並行してアメリカには、中国が第三世界に対して大量破壊兵器をはじめとした兵器拡散の「舞台」たる状態にあるものとして見逃せないようになる。この当時以来、中国の拡散活動を抑止し中国を不拡散のための国際的主体に変化させることがアメリカにとっての重大関心事となった。また、北朝鮮の大量破壊兵器をめぐる国際的懸案の解決のうえでは、これに最も影響力のある中国の役割にアメリカが期待するものも特に大きい。

一方、中国はその誕生以来一貫して、台湾との「一つの中国」問題をもっており、台湾との従前からの関係をもっていたアメリカとの間では、台湾をめぐる緊張にはなお格別なものがある。

近年の中国経済の継続的飛躍的な発展は、多くの外国企業との貿易取引のみならずその資本を呼び込んでいる。アメリカ企業もその最たるものであり、中国の民主化や政治的安定はアメリカ全体から強い期待を受けている。さらに、その経済発展下における驚異的な軍事力の拡大は、今後の長期的な安全保障に無視しがたい影響を与えているものとなっている。

国際的な安全保障に関係するものとしては、以上をはじめ多数の要素がある。以下では、アメリカと中国の関係の推移を概括したうえで、諸要素のうち特に「共産主義国としての中国」「拡散の舞台としての中国」「台湾をめぐる特別な緊張関係に立つ中国」「軍事面の台頭著しい中国」というアメリカの視線で整理する。

1　米中関係の推移

米中関係は、国交不存在と敵対ブロックの時代から始まる。一九四九年の中華人民共和国の成立宣言、これに続く一九五〇年からの朝鮮戦争で対峙する関係に立ったことにより、国交は存在しないままとなった。アメリカ国民も全員、中国から引き揚げざるを得なくなった。以後、一九六〇年代の中ソ対立を経て米中関係の基礎となる国際関係の図式に変化が現れるまでは、中国は純然たる東側ブロックの一員であった。

一九七二年二月にアメリカのリチャード・ニクソン大統領が当時まだ国交のなかった中国を訪問し、上海共同コミュニケを発表した。ここでは、米中両国が外交関係の完全正常化に向けて努力することがうたわれた。アメリカは、台湾海峡両側のすべての中国人が「一つの中国」という考えを維持するということと「台湾が中国の一部である」ことを内容とする中国の立場を認識するという意を示した。米中両国は、台湾問題という関係正常化の障害ともなり得る重要課題を一時脇に押しやるような形で関係改善を図る道を選んだのである。

一九七九年の元日、米中両国は二度目の共同コミュニケを発するとともに、公式な外交関係に入った。アメリカの台湾との外交関係は、これに伴って断絶することとなった。この際アメリカは、一九七二年の上海共同コミュニケにおける中国の立場、すなわち「一つの中国」と「台湾が中国の一部である」に関し、認識するという意を改めて表明した。中国は、これに対し、アメリカ国民が台湾と通商上・文化上その他の非公式な接触を継続することについて認識するという意を示した。この時点から、ようやく米中両国政府の高級レベルの交流が進展しはじめることとなった。

国交樹立後最初の緊張は、早くも一九八一年に起こった。この年、中国はアメリカの台湾向け武器輸出の量について異議を唱えた。アレクサンダー・ヘイグ国務長官は、早速その年六月に訪中して問題解決に当たった。以後八カ月にわたる継続的な交渉を経て一九八二年八月には合意に至り、米中両国は三度目の共同コミュニケを発表した。この共同コミュニケでは、アメリカ政府が台湾への武器供与を長期的政策として実行することを意図しない、台湾への武器供与は米中国交樹立後の供与レベルを上回らない、台湾への武器供与を徐々に減らしていく意図である、という趣旨の確認が示され、また、問題の終局的解決のため両国政府はあらゆる努力を行い本件の完全なる解決に貢献する環境を作出する旨も確認された。しかし、この共同コミュニケの文面と現実の武器輸出をめぐり、その後もたびたび緊張関係に入ることとなるのである。

この三度目の共同コミュニケの発表後しばらくの間は、米中関係はおおむね良好であり、この間に米中民生用原子力協力協定がとりまとめられたことを始め、各方面にわたる進展が見られた。もっとも、この原子力協力協定自体については、当時の中国の核拡散の実態に対する懸念から、アメリカ側で当分の間凍結されることとなる。また、ミサイル分野をはじめとして中国の拡散活動が活発化し、国際的に重大な問題として取り上げられるようになったのも、この時期であった。

一九八九年六月には、中国当局が学生などの民主化運動に対して軍事力により抑圧するという事件が発生した。天安門事件である。この事件が全世界にテレビ放映されたことにより、欧米諸国は中国の基本的人権問題を正面から取り上げて非難するようになった。

アメリカはこれまでの政府間高級レベルでの交流を停止したことを始め、中国向けの武器輸出を禁止した。また、経済的側面では、アメリカ企業の外国向け投資を支援するための政府機関であるＯＰＩＣ（Overseas Private Investment Corporation）が中国向け投資を支援することを禁止したり、国際機関による中国支援に対して消極的な姿勢を採るなどの対応を示した。また、翌一九九〇年のＧ７サミット（ヒューストン・サミット）では、日米欧諸国が一致して基本的人権をはじめとした中国国内の改革を求めるに至った。

ちなみにヨーロッパ諸国でも、中国のこの基本的人権問題を理由として、中国向け武器輸出を禁止した。以来なお中国への武器禁輸は継続中である。このため、中国は日米欧から武器を調達することができず（日本から中国に武器を輸出することは「武器輸出三原則」により認められない）、フランスなどヨーロッパからの武器調達を希求しながらも引き続きロシアからの購入を武器輸入の中核としている現状にある。ただし、ヨーロッパ諸国の姿勢も一枚岩ではなく国による温度差が見られ、中でもフランスが中国向け武器輸出解禁に比較的積極的な姿勢を表明してきているなど、特に中国が武器禁輸解除を強く要請するようになった二〇〇三年以降は、ＥＵとしての統一方針維持のうえで不安定要素を内包している状況にある。

その後一九九〇年代に入り、ソ連の崩壊に伴う国際関係の大きな変化が起こった。この時期から中国は軍事費を連続して大幅に拡大し続け、軍事力の増強を積極的に手がけるようになる。また、一九八〇年代から国際的に批判されていた中国からの兵器拡散の動きについては、この時代もミサイル関係の拡散を中心として継続したとみられる。

一方、一九九五年から一九九六年には、中国が台湾沿岸にミサイルを連射する軍事演習を行う事件が発生した。一九九六年の軍事演習に対してはアメリカが空母二隻を台湾海峡に派遣し、米中間の緊張は高まったが、この「空母二隻」の重みにより中国は軍事演習を中止するに至った。その後、この事件を機に米中両国が緊張緩和姿勢を採り、両国政府間の高級レベルの交流が復活し、十年以上凍結状態にあった米中原子力協力協定が実施段階に移行したほか、中国においても段階的に大量破壊兵器の不拡散に向けた国内体制を整備するようになった。

しかし一方で、ある一定の緊張関係はその後も継続しており、一九九九年五月には、ベオグラードの中国大使館をアメリカ空軍が誤射したとされる事件が発生した。また、二〇〇一年四月には、海南島上空で中国のF－8戦闘機とアメリカのEP－3偵察機が空中衝突し、飛行不能となった米軍機を中国が確保するという事件も発生し、米中両国間の緊張関係は一気に高まった。後者の事件の際には、中国はアメリカ人パイロットの帰国を早期に認める一方で偵察機の機材は三カ月にわたり止め置いており、両国間の緊張を回避する姿勢とともに中国の軍事力近代化への強い意欲が窺えるものであった。

また、米中協調への可能性も両国によって注意深く追及されているのも事実である。一九九八年のインド・パキスタンの核実験に対しては、米中共同コミュニケを発表して核実験を非難した。二〇〇一年九月の同時多発テロの発生に対しても、ジョージ・ブッシュ大統領の唱える「テロとの戦争」に中国が賛同し、共同歩調がとられた。二〇〇六年の北朝鮮やイランに対する国連安全保障理事会の制裁決議に際しても、一定の範囲で歩み寄りが見られた。このほかにも、中国は、アフガニスタンやイラクの復興支援のための拠出や、イラクの債務免除といった動きをとった。

一方、中国の大幅な軍事費の拡大はなお継続している。また、二〇〇七年一月には中国が宇宙空間で人工衛星の破壊実験を実施し、国際社会に衝撃を与えた。

このように錯綜した流れを経て、米中関係は現在に至っている。この中で、国家体制やイデオロギーによる緊張はすでに過去のものとなった。拡散問題をめぐっては、少なくとも中国という国家に関する限り、不拡散に向けた格段の前進が見られている。ただし、当局の管理が的確に及んでいるか、的確に及ぶことが期待されるか、という問題については、なお不安が払拭されない。台湾をめぐる緊張については、今後も今まで以上に重要な緊張の源泉であるとみるべきであろう。特に中国の軍事力増強はこの問題の平和的解決を導き出すことと果たしてつながっているかどうか、むしろ一層緊迫した状態をもたらすこととならないか、という懸念である。

2　共産主義国としての中国

冷戦時代は、西側ブロックのリーダーたるアメリカの視線は、常に東側ブロックの盟主たるソ連に向けられていた。この時代、中国に対する取り扱いは、ソ連との相対的な図式の中で理解されるものなのである。

ココムの発足時点（一九四九年）では、ソ連を中心とする東側ブロックに対してその軍事力強化を防止することが意図されていた。前線はヨーロッパだったのである。しかし、これに続くレッドチャイナ（中華人民共和国）の誕生（ココムの発足と同年の一九四九年）に見られるアジアの共産主義化への対抗手段として、中国や北朝鮮を封じ込めるための手段としてアジアにもこうした輸出管理の仕組みを特設する動きが採られることとなった。その結果、朝鮮戦争が膠着状態にあり休戦交渉中であった一九五二年には、ココムの内部委員会としてチンコム（ChinCom＝対中国輸出統制委員会。正式名称はChina Committee of COCOM）が新たに設けられた。チンコムは、特に朝鮮戦争における中国人民志願軍の参戦をも背景に、中国のアジアにおける影響力を封殺することを意図していた。これは、ソ連など他の共産圏諸国に対するココムの規制と比較してもなお特に一段と広範な輸出管理を実施することを内容としていた。これは当時「チャイナ・ディフェレンシャル」（China Differential）と呼ばれ、中国向けの輸出や技術提供は最も厳しい差別的管理下にあったのである。これにより、当時は小さい規模の市場であったとは言えその後の中国市場の開拓を期待する西欧諸国には、少なからぬ不満が潜まざるを得なかった。そもそもココム自体、アメリカをリーダーとする国際間輸出自粛約束であり、常に加盟各国間には不協和音があったのであるから、こうした将来の有望市場に殊更に厳しい措置を採ることに対する反発には強いものがあった。

チンコムはその後、中国の潜在市場を希求するイギリスの強い主張により瓦解し、一九五七年にはココムの規制が中国向けにも同等に適用されるに至り、既成のココムへの一本化という経路をたどることとなった。チャイナ・ディフェレンシャルは消滅したのである。しかしこの当時、イギリスの渇望とはうらはらに中国は経済的困窮の常態にあった。国内では生産が縮小し、他方で大半の輸入はソ連や東欧から優先的に手当てしており、西側諸国からさほど輸入をする余裕はなかったのが実態であったのである。

その後二十年あまりの間、輸出管理枠組みの中で中国向け規制の取り扱いは、他の東側ブロック諸国向けと同等であった。この間、東側諸国やその間には構造的な変化が現れ始めており、年を追うごとにアメリカにはソ連と中国とを経済防衛戦略上同等に取り扱うべき政治的意義が乏しいものとなっていった。中ソ対立の深化（一九五六年〜）、米中の国交樹立（一九七二年）、ソ連によるアフガニスタン侵攻（一九七九年）などの歴史的事実の積み重ねが国際社会におけるソ連と中国との差違を明確なものにしていったのである。その空気の変化を受け、一九八〇年代に入り、ココムにおいても、東側ブロック諸国の中で特に中国向けの場合には輸出管理を緩和するという運用が導入されるに至った。これが「チャイナ・グリーンライン」(China Green Line) である。

ココムでは元来、規制対象として合意された貨物や技術を共産圏諸国に移転することを各国政府が許可しようとする場合には、原則として加盟国間の総意による「特認」(exception) を得ることが要件とされていた。これに対し、中国向けの場合には、規制対象のものであっても一定の範囲すなわちチャイナ・グリーンラインまでのものであれば、ココムの特認を得ずに一般許可(General License) として各国が自国だけの判断で許可することができることとなった。こうした緩和が加盟各国に特に歓迎されたのは、言うまでもない。むしろ後年には逆に、チャイナ・グリーンラインの適用レベルを基準に見立ててココムの規制範囲を設定したり緩和したりするという動きも現れるに至ったほどである。

一九八九年には天安門事件が発生した。中国は東側共産圏諸国の一部であるとしてココムの対象地域とされてきたが、ここにまったく新たな概念、すなわち基本的人権が軽視されている国という判断が加えられるに至った。以後、共産主義国であることとは無関係に、アメリカやヨーロッパ諸国からの中国に対する武器輸出がこの事件を受けて停止されることとなったのは、前述のとおりである。

3　拡散の舞台としての中国

アメリカにとって、中国から北朝鮮、イランなど第三世界に兵器や技術が拡散することは、特に重大な関心事である。アメリカ連邦政府はもとより、大学や民間機関などが調査を行ってきており、そこからは中国が拡散の「舞台」たる位置にあるということがアメリカの全般的な認識となっていることが理解できる（中国による兵器拡散に関しては、アメリカ中央情報局「大量破壊兵器および先端通常兵器に関する技術入手報告」（二〇〇二年）のほか、ジョージア大学「中国の輸出管理」やNuclear Threat Initiative（NTI）による報告等に詳しい）。もっとも中国はこうした指摘の大半は認めていない。

以下、これらによるアメリカの受け止め方を紹介する。

拡散動向の変化

極めて皮肉なのは、チャイナ・グリーンラインが採用された一九八〇年代には、それ以前の一九七〇年代までと異なり、兵器類や機微技術の中国から第三国への拡散が顕著になったとみられることである。

一九五〇年代から一九七〇年代は、中国からの兵器拡散の第一ステージである。この時期、中国は友好国を確保したり、緊張関係にある国に対する戦略上の布石を置くという政治的意図によって武器輸出を行ってきた。北朝鮮・ベトナム・パキスタン向けをはじめ中国は広く兵器の輸出を行っていたが、輸出価格もこうした意図に沿って廉価であり、その中核は比較的小型軽量の兵器類であった。

一九七〇年代後半から一九八〇年代までが第二ステージである。この時期には、一九七八年以降の改革開放経済政策の下で、国有軍需企業の政府依存度を低下させる方針が採られた。国営企業には現実的な対応が求められるようになり、発展途上国など外国市場に販路を見出し、外貨を獲得して先進技術や製品を入手するという企業運営手法が必要となった。軍需企業はこうした経営的な側面から兵器類の積極的な販売姿勢に転じ、その量は飛躍的に増加した。一九八〇年代はまた、イラン・イラク戦争の勃発が中国にとって好機となり、戦争両当事国向けに兵器の輸出を大きく伸ばすこととなった。このステージを通じて中国の武器輸出は四倍にも達し、武器輸出額は世界第三位となったと言われている。

第二ステージの時期、中国は、通常兵器分野ではもちろんのこと、第三世界における核分野やミサイル分野での主要な拡散の舞台であった。中国は通常兵器やミサイルの輸出に関して以下の三原則を採用しているとしてきたが、日本の武器輸出三原則とはまったく異なり、これが決して通常兵器やミサイルの輸出を抑制することを目的としているものでないのは明らかだ。

（輸出が認められるための三原則）

(i)輸出先での防衛用に限定されること
(ii)その兵器が地域の安定に役立つこと
(iii)第三国への干渉のために用いられないこと

なお、冷戦終結後の一九九〇年代以降は、第三ステージである。一九九〇年代には、NTIによれば、イラン・イラク戦争や湾岸戦争において中国製武器の性能が高くないことが露わになったことが影響し、中国の武器輸出額は第二ステージを大きく下回る年額十億ドル以下に留まり、アメリカ・イギリス・フランス・ロシアに次ぐ世界第五位にまで低下した。中国はその武器輸出について外国から批判を受けた際には、こうした事実を基に「他国に比べごくわずかしか輸出していない」と反論し、逆に兵器類の輸出について「慎重かつ責任ある姿勢」であると主張するのが常である。この姿勢は、基本的に現在まで続いているものである。

また、この時期には、中国も大量破壊兵器に関する輸出管理に取り組むようになり、二〇〇四年には核兵器関連の国際輸出管理レジームであるNSGに参加した。それまでの中国は一般に、国際輸出管理レジームは差別的あるいは不当であるとしてむしろ批判してきた立場であったため、NSGへの参加は中国の象徴的な方針転換とみることもできる。なお中国はNSG以外の国際輸出管理レジームには参加していないが、近時、ミサイル関連レジームであるMTCRへの参加の希望を示している。

一方、中国は建国後初期にソ連から技術支援や武器供与を受けて軍備を拡充し、その後は武器のライセンス生産を行うようになったという経緯を持つ。中国はこうした旧ソ連製武器を中心に輸出を継続してきたが、最近もF-7戦闘機をはじめ新式の武器をイランやパキスタンに供与しているとみられている。また、ネパール・ミャンマー・南アフリカなどに軍用トラックや銃砲を売却しており、国際的人権保護団体であるアムネスティ・インターナショナル（Amnesty International）は、この時期もなお中国がその経済成長を賄うため、発展途上国への武器輸出と引換えに資源を調達していると批判している。アムネスティ・インターナショナルは中国の武器輸出について、中国政府の「慎重かつ責任ある姿勢」との言葉とはほど遠い実態にあるとして非難している。

中国は通常兵器についても輸出を規制するものとしてきたが、その一方で通常兵器は国連憲章においても認められている各主権国家の固有の権利につながるものであるとの主張を一貫して繰り返してきた。輸出を規制するとは言っても、輸出先での防衛用に限定され、地域の安定に役立ち、第三国への干渉のために用いられないという場合には武器の輸出を認めるという姿勢なので、実際には通常兵器の輸出は広汎に行われるものとなっている。

中国には多数の軍需企業があるが、これらの軍需企業は一九八〇年代以来の開放経済への転換政策の下で民需へのシフト（「軍転民」）を図りながらも、武器の販売による収入の確保を行っている。Norincoという自社名の銃砲などで名の知れている中国北方工業公司（China North Industry Corporation:NORINCO）をはじめとして、こうした軍需企業は、世界に向けて自社製品を宣伝したり世界中から人材を集めているのが現実である。

中国は通常兵器に関する輸出管理制度を導入したとしていたが、現実には二〇〇二年に至るまでその規制対象品目も明示されず、事実上稼働が期待されるものとなっていなかった。また、規制対象品目が明示されるようになった後においても、その規制自体は禁輸や抑制を目的とするものではなく、むしろ国際政治的な利益とともに外貨の獲得という単に経済面の利益が前面に立つものであったと理解できる。なお、中国は現在も通常兵器関係の国際輸出管理レジームであるワッセナー・アレンジメントに参加していない。

このように、中国の拡散に関する姿勢は、一九八〇年代の兵器拡散の舞台であった時代から変化を示し、大量破壊兵器の不拡散に向け段階的に国内制度の整備が進められるとともに、国際的整合性を確保する方向に動いてきた。

しかし他方では、こうした中国の態度とはうらはらに、以下にみるように中国企業によるイラン・パキスタンを中心とした支援が継続しているともみられており、中国政府のいう輸出管理の確実な実施については少なからぬ疑問が提示されている。また、通常兵器については、不拡散という立場に立った姿勢を見せているものではない。

この背景としては、まず「軍転民」すなわち軍需産業の民需転換によって、それまで軍需品の取扱いをしてきた事業者には、自ら取引先を開拓し確保していくことが求められるようになったという事情がある。また、中国政府当局の姿勢に関しては、「不拡散」とその他の国益とを比較考量して判断するというスタンスが見え隠れする。さらには、輸出規制の実施主体である政府当局の「不拡散」の論理が、人民解放軍という党の軍隊の影響下にある企業に果たしてそのまま通用するものだろうかという、不拡散の徹底を図るうえでの限界もある。こうした諸要素を眺めたとき、中国を舞台とする兵器拡散については、特に一九八〇年代とは違った中国政府の方針は存在しながらも、アメリカはなお重要な関心事と位置付け続けている。中国の経済力が力強い拡大を続け、米中企業間の貿易や技術協力がより深まりつつある現在においてもなお、リスクは潜んでいるとみるべきであろう。

核拡散

アメリカに対峙するための核抑止力を身につけるため、中国は一九五五年に毛沢東主席が核兵器開発を決定した。当初はソ連の技術支援を受けていたが、その後の中ソ対立状況の下、一九五九年のソ連による技術支援打ち切り以降は独力で開発を進め、一九六四年には原爆実験を、一九六六年以降には水爆実験をするまでに至った。

その後のアメリカとの国交樹立を経て米中関係の基礎ができた後、中国は、一九八四年には、IAEA（国際原子力機関）に加盟するとともに、併せて以下の原子力輸出三原則を公表した。

(i)平和目的のみであること
(ii)IAEA（国際原子力機関）の保障措置の下に置かれること
(iii)中国の事前同意なく第三国に再移転しないこと

ただし、この原子力輸出三原則のうち特に注意すべきは(ii)のIAEAの保障措置に関する部分である。NPTに基づく保障措置であるフルスコープ（全面的）の保障措置を求める姿勢を採っているものではない。おそらくはNPT（核兵器不拡散条約）に加盟していないパキスタンへの原子力協力を視野に入れているものとみられる。

一方、一九八〇年代から一九九〇年代前半にかけて、中国はパキスタンやイランをはじめ、イラク・シリア・アルジェリア・南アフリカなど広範囲にわたり、民生用原子力プログラムのみならず軍事用の核協力を実施してきたとみられている。特にパキスタン向けには、核兵器の設計情報と核弾頭二個分以上の兵器級プルトニウムを中国が移転したという一九八〇年代前半のアメリカ政府の調査がある。この時期、国交を樹立したアメリカとの接近は一九八五年の米中民生用原子力協力協定の合意にまで至るが、当時のこうした中国の動向に対してアメリカ国内でも懸念が示され、同年にはアメリカ議会により、原子力規制品の中国向け輸出許可に際しては事前にアメリカ議会向けの手続きを必要とするという縛りがかかることとなる。また、米中原子力協定自体も、発効せず凍結されてしまうのである。

この頃にはすでに、中国を舞台とした第三世界向けの兵器拡散活動は、アメリカに限らず国際的な批判の対象となっていた。こうした中、中国は徐々に姿勢の変化を示した。一九八六年には大気圏内での核実験を以後停止することを宣言し、一九九二年にはNPTに加盟するに至る（一九九五年のNPTの無期限延長に対しても賛成した）。また、一九九二年、イラン向け二〇メガワット級研究原子炉の供与をキャンセルした。

一方、一九九四年から翌年にかけて、中国原子能工業公司（China Nuclear Energy Industry Corporation）がパキスタンの Kahn Research Laboratory に対して数千個に及ぶ多数のリング型磁石を輸出しパキスタンの核開発に協力したとして国際的に非難の対象となった事件が発生した。

中国政府の動きや意識とは別に、企業体レベルでは水面下で核協力をする動きがなお継続していると見られている。

その後、中国政府は核不拡散に向けた姿勢を示し続ける。一九九六年にはＣＴＢＴ（包括的核実験禁止条約：Comprehensive Nuclear Test Ban Treaty）に署名し（ただし、条約の発効要件が未だ満たされておらず条約自体が発効していない。中国は署名したものの、批准してはいない）、また、ＩＡＥＡの保障措置の適用のない原子力施設には協力を行わない旨の宣言を発表した。

（参考）CTBT（包括的核実験禁止条約）

ＣＴＢＴは、いかなる場所においても核爆発実験を行うことを禁止する核軍縮・不拡散条約である。これは、一九六三年に締結された部分的核実験禁止条約が地下核実験を禁止の対象としていなかったことに対し、すべての核実験の禁止を規定することを目的としている。

ＣＴＢＴの発効のための要件は要件国四四カ国の批准であるが、これまでに署名した要件国は四一カ国、批准国は三三カ国である。日本は、一九九七年に批准している。発効要件国のうち、未署名国はインド・パキスタン・北朝鮮の三カ国、署名済みであるが批准していないのは、中国・イラン・イスラエル・アメリカなど八カ国である。

次いで一九九七年には、中国国内の原子力関係の輸出規制を制定し、翌年からは原子力関連の汎用品が輸出規制下に置かれるようになった。一九九七年十月には、ＩＡＥＡ保障措置の適用を受けるか否かにかかわらずイラン向けの新規の原子力協力を一切行わないということを宣言し、またイラン向けに進行中であったもので拡散懸念がないとされる原子力協力プロジェクト二件についても短期間のうちに完了させることを表明した。一九九八年のインド・パキスタン両国の核実験に対しては非難する態度を示し、核実験を非難する内容のアメリカとの共同コミュニケを発表した。こうした流れの中、凍結状態にあった米中民生用原子力協力協定は、アメリカが凍結解除に動くようになったのである。

しかし、アメリカでは、中国が徹底した核不拡散の動きを採っているとみているわけではない。二〇〇二年にＣＩＡ（中央情報局）がとりまとめた報告書においては、中国政府の知るところなく中国企業がパキスタンの核開発企業と協力を継続している可能性に触れている。また、一九九七年の中国政府の宣言が行われた傍らで、なお中国企業とイラン企業の原子力協力が行われている可能性に対しても、アメリカは特に注意を向けている。

中国はこれまで国際輸出管理レジームに一切参加してこなかったが、二〇〇四年にはＮＳＧに参加し、中国として初めて国際輸出管理レジーム体制の一角に加わることとなった。しかし、ここでやはり目を向けておくべきは、ＮＳＧに参加することとなったわずか数週間前に、中国はパキスタンのチャスマ（Chasma）に第二基目の三〇〇メガワット級原子力発電所を建設することを合意していたという事実である。中国はもともと一九九〇年代にチャスマの原子力発電所建設に協力してきた経緯がある。チャスマは、核開発プログラムの中に位置づけられる拠点とも見られてきている。NSGに参加した後には、NPTに加盟していないパキスタン向けの原子力協力は認められなくなる。NSGに参加前の合意に係る事案であれば、祖父条項（grandfathering）が適用されるとして、NSGによる制約を受けず堂々と既得権を維持できる。「祖父条項」とは、制度が成立した場合に、その成立前にすでに存在していた事実や権利については既得権として位置付けられ、新たな制度の適用から除外することができるというものである。中国のこうしたしたたかな姿勢は、核不拡散問題に対する中国の取り組み方の一側面を映し出しているものと理解される。

生物兵器拡散

中国は、BWC（生物兵器禁止条約。一九七三年発効）には一九八四年から加盟しているが、生物兵器関連の国際輸出管理レジームであるオーストラリア・グループには参加していない。レジームの趣旨に反対するというものではなく、「過去に生物兵器による被害を受けたことがある国として、賛成する」という姿勢である。つまり、自ら積極的に生物兵器禁止に取り組むという主張ではなく、むしろ、現状の生物兵器拡散防止のあり方は超大国に一方的に有利なものとなっているとし、生物兵器関連の輸出管理の検証手段について不満を表明している。

一方、中国国内の制度としては、一九九七年から生物兵器に利用できる汎用品・汎用技術の輸出管理制度を整備するようになり、二〇〇二年からはオーストラリア・グループの規制対象品目に対応した輸出許可制度が導入されている。

中国は一貫して、これまでに中国が生物兵器を開発したことはないと表明してきている。これに対しアメリカは、中国が一九八四年以前に生物兵器の開発を手がけ、その後も一九八〇年代には生物兵器を保有し、現在もなお生物兵器プログラムを保有しているであろうとみている。なお、生物兵器の使用は国際的に禁止されているが、生物剤を医学研究のために保有することは禁止されていない。

また、中国から他国への拡散については、現に中国はミサイルをはじめ核兵器や化学兵器に関して不拡散という目標を確実に実行できていないというのが、これまでのアメリカの見方である。このため、生物兵器についても、中国政府が確認できていない現実があるという懸念が持たれている。現に、アメリカ政府は一九九七年、イラン政府系企業に向けて中国から生物兵器関連の汎用機器やワクチンが提供されているという報告をまとめている。これは、中国政府も認識していないところで中国企業による生物兵器関連の拡散活動があるという懸念が持たれていることを示している。例えば、ポーラ・デサッター国務次官は二〇〇六年に連邦議会において、中国がBWCに違反しているという見解とともに、中国から懸念国への拡散活動に対する関心について、証言している（中国は強く反発している）。

化学兵器拡散

中国は、CWC（化学兵器禁止条約）には一九九七年の発足時から加盟しているが、化学兵器関連の国際輸出管理レジームであるオーストラリア・グループには参加していない。化学兵器拡散についても中国は、前述の生物兵器拡散に関する言い方とまったく同様に、レジームの趣旨に反対するというものではなく、「過去に化学兵器による被害を受けたことがある国として、賛成する」という同姿勢を貫いている。むしろ、アメリカやロシアが国内の化学兵器の廃棄を遅らせているとして不満を表明している点も、生物兵器管理への態度と類似している。

中国国内の制度として、一九九七年から化学兵器に利用できる汎用品・汎用技術の輸出管理制度を整備するようになり、二〇〇二年からオーストラリア・グループの規制対象品目に対応した輸出許可制度が導入されている点まで、生物兵器拡散に関する対応と同様である。ただ、生物兵器関連の場合と異なるのは、かつては化学兵器製造施設を小規模ながら保有していたとみられている点である。もっとも、これはすでに廃棄されているとしており、その事実は、OPCW（化学兵器禁止機関）の査察により確認されている。他方、中国は化学兵器防御用の研究施設などを現在も保有している事実を表明している。

アメリカは中国に関して、ある程度の化学兵器を保有しているとみており、また中国の化学産業は化学兵器を製造するために使われる化学剤を多種類製造する能力を持っていると警戒している（二〇〇一年国防総省報告）。

特にアメリカ政府は、中国企業から化学兵器関連の機器や前駆物質、関連技術がイランに提供されることに大きな懸念を持つとしている。デサッター国務次官は、今なお中国当局の輸出管理の実効性に強い不満を表明している。一九九〇年代には、中国企業の手によってイランをはじめイラクやリビアに向けて化学兵器関連汎用品である機器や前駆物質、関連技術が輸出されているとして、アメリカが重ねて制裁を発動したことがあった。また、「二〇〇〇年イラン不拡散法」が成立した後も、化学兵器関連の汎用品をイランに対して提供しているとして、アメリカ政府は中国企業に対し繰り返し制裁を適用している。イラン不拡散法は、イランの核開発・ミサイル開発を中心とした大量破壊兵器開発を防止するため、その関連貨物や関連技術をイラン企業に提供したアメリカ国内外の企業や個人に対して、アメリカ政府がその企業名や個人名を公表し、アメリカ政府の調達対象から除外することを始めとして各種制裁を科すとするものである。

これらの制裁発動に対して中国は、一方的措置である、事実の開示がないなどとして批判を繰り返してきたが、同時にこれが中国において輸出管理制度が整備される方向に動くこととなった主因となったとも認められよう。化学工業の発展している中国において、中国国内企業の輸出管理をいかに確実に徹底できるかが化学兵器不拡散の最重点となっているのである。

ミサイル拡散

中国はもともと、ミサイルを通常兵器と同様に扱っており、核兵器など大量破壊兵器とはまったく異なるものであると主張して、大量破壊兵器と同様な輸出規制の対象とすべきものとは位置付けてこなかった。このため、ミサイルの輸出に関しても、通常兵器と同じ三原則（輸出先での防衛用に限定されること・地域の安定に役立つこと・第三国への干渉のために用いられないこと）に則っているとしていた。

この三原則は、決して武器輸出の抑制のために十分機能するものでないのは明らかであり、現に中国のミサイルやミサイル関連機器類の輸出はこれまでも少なくない。中国による大量破壊兵器関連の拡散においては、ミサイルやミサイル部分品、ミサイル製造関連の機器類、製造技術などが中核を占めてきたのは、このためでもある。

中国は、一九五八年に厦門《アモイ》市の沖合にある台湾実効支配下の金門島に対して二カ月間にわたる砲撃を実施したことがあるが、その際は台湾側を撃破することができなかった。中国はすでに地対地ミサイル訓練隊を編成した矢先であったが、この事件がその後自力でミサイル開発を進める契機となったと言われる。以後、一九六六年に編成された第二砲兵（戦略ミサイル部隊）がその開発の主要な担い手となった。これまでに中国は弾道ミサイルを中心に多数のミサイルを開発・保有しており、その種類も特に近年急速に基数を増加させているＳＲＢＭ（短距離弾道ミサイル）からＩＣＢＭ（大陸間弾道ミサイル）に及ぶ各種のミサイルを配備している。中国からミサイルやその関連貨物などが拡散することとなる基礎は広いのである。

近年の中国のミサイル輸出としては、一九八八年にサウジアラビアに東風三号（中距離弾道ミサイル）を三六基輸出したことと、一九九一年にパキスタンに東風十一号（短距離弾道ミサイル）を三四基輸出したことが報告されている。そのほかにも、イランやパキスタンなどに向けた各種ミサイル関係の協力の動きがあるとして、一九八七年以降たびたびアメリカによって中国や中国企業などに対する制裁が発動されることもあった。一九九二年以降は、ミサイル本体の輸出ではなく、ミサイル関連技術や関連物資などを供与するように変化を示したが、その後も主たる取引先は、やはりパキスタン・イラン・イラク・シリア・リビア・北朝鮮などである。

このような中国のミサイル拡散動向はアメリカのみならず国際世論の非難の的となった。こうした非難を受け、中国は一九九一年にはシリア向け東風十五号（短距離弾道ミサイル）の輸出をキャンセルする動きをとった。

一方、一九九一年にアメリカは、パキスタン向け東風十一号、シリア向け東風十五号のミサイルや関連技術の提供が行われたとして中国企業に制裁を科した。また、一九九三年には、パキスタン向け東風十一号のミサイル関連技術の提供を理由として、中国企業に制裁を科した。これらの制裁が自国企業に科せられたことに対し、中国は一九九二年と一九九四年には、重ねてアメリカに対して、ＭＴＣＲに対応した輸出規制を実施することを誓約するに至った。ただし、ここで留意が必要なのは、中国の主張では東風十一号の射程距離は二九〇キロメートルとされており、一方でＭＴＣＲの規制対象となる貨物や技術の範囲は射程距離三〇〇キロメートル以上のミサイルに関連するものであるという点である。この点について一九九四年の誓約においては、ＭＴＣ

Rの基準を潜在的に上回るレベルのものであれば移転しない、と確認している。すなわち、東風十一号のような短距離弾道ミサイルについて、中国の主張によっては今後も輸出を行う可能性が残るとみられるのである。

一九九五年は一つの大きな転換点とも言い得る年であった。中国政府は「中国の軍備管理と軍縮」とした白書を公表し、自ら賛同していない国際輸出管理レジームの名には言及しないながらも、各分野の不拡散を遵守する姿勢と内容とを対外的に明言した。国際社会に対して協調的な態度を打ち出しつつも、他方でこの時期、中国はアメリカの主唱する弾道ミサイル防衛計画（Ballistic Missile Defense; BMD）に強い異議を唱え続けていた。BMDにはアメリカ本土防衛のためのNMD（National Missile Defense）と同盟国防衛を含めるTMD（Theater Missile Defense）の二種類があるが、いずれに対しても「中国の核抑止力の信頼性を損なう」という理由により反対しているものだ。

二〇〇〇年十一月には、中国はMTCRによる規制レベルのものについて、外国のミサイル開発に対する支援を行わないことと、輸出許可規制や最終需要者証明書による確認手続きなどのミサイル関連輸出規制を実施することを公表した。その実行に至るには二年近くを要し二〇〇二年八月に至ったが、その内容は実際にMTCRの規制内容に対応したものとなった。しかし、この時期を含め、水面下では中国企業がパキスタンに対するミサイル関連の支援を行っていたと見られている。特に、パキスタンが開発中のShaheen-II（中距離弾道ミサイル）の開発に関する協力の動きやイラン・リビア・北朝鮮に対するミサイル関連汎用品の提供の動きには、アメリカ情報当局の注意が寄せられていた。こうして中国政府が不拡散のための規制を実施する動きを採ったにもかかわらず、パキスタンやイランなどの国家にとって、中国企業はなお引き続き弾道ミサイルや巡航ミサイルの最も重要な技術提供者であるとみられているのである。

二十一世紀に入り、二〇〇一年九月のアメリカ同時多発テロ事件の発生以降、輸出管理に関する国際的要請は急速に強まった。中国は「テロとの戦い」を宣言するアメリカを支援する姿勢を示し、二〇〇三年十二月にはミサイルに関連する機微な技術全般にわたり輸出規制を導入するに至った。

アメリカでは「二〇〇〇年イラン不拡散法」が制定されており、NSGやMTCRなどの国際輸出管理レジームで規制対象として合意されている貨物・技術を一九九九年一月以降にイラン向けに不正に提供した外国企業に対しては、アメリカによる輸入の禁止やアメリカ政府との契約の禁止などの制裁が発動されることとなっている。これまでにこの制裁の適用を受けた中国企業には中国長城工業総公司（China Great Wall Industry Corporation）や中国北方工業公司（China North Industries Corporation）をはじめ、二〇〇七年に至るまですでに多数にわたるものがある。これらのうち大半は中国のミサイル開発企業とみられているものであり、近年の中国当局が示す不拡散の取り組み姿勢とは別に、なお引き続きこうした水面下の動きがあるとみられるのは、あるいは中国政府の意が必ずしも届かない実情もあるとみるべきであろう（アメリカによるこれまでの中国企業・個人の制裁は、巻末参考資料4に掲載）。
なお中国は、前述のとおり、近年までミサイルに関する国際的輸出管理に反対の立場を表明してきたが、以上のような経緯を経て、二〇〇五年以降はＭＴＣＲに参加したいという希望を表明するようになってきている。

（参考）大量破壊兵器と「外国ユーザーリスト」

日本では大量破壊兵器の拡散を防止するための補完的な輸出管理制度として、「大量破壊兵器キャッチオール規制」が二〇〇二年以来導入されている。この規制は、輸出する貨物や提供する技術が大量破壊兵器用途やその運搬手段に用いられるおそれがあるとの情報がある場合に、リスト規制対象品目でなくても、外為法に基づく規制が適用され許可が必要とされるというものである。
この規制が効率的に作動するよう、経済産業省は「外国ユーザーリスト」を公表している。これは、大量破壊兵器関係の懸念がもたれる外国企業をリストアップし、参考情報として示しているものだ。この中には中国企業も一部列記されているが、その中国企業はすべてミサイル関係の懸念があるとされ、ミサイル以外の懸念もあるとして明示されているものはわずかに一社（China North Industries Corporation（中国北方工業公司））だけである。外国ユーザーリストに掲載されている中国企業は、巻末参考資料5に掲載する。

なお、中国は核兵器やミサイルを現に保有しており、大量破壊兵器関連の懸念は、中国経由で第三国に拡散するおそれという角度からのものばかりでなく、中国内部で大量破壊兵器やミサイルの開発に転用されるおそれという角度からも併せて受け止められる必要があるのは言うまでもない。

4　台湾をめぐる特別な緊張関係に立つ中国

また、かねてよりアメリカと中国の間には、台湾をめぐるせめぎ合いが微妙な影を落としてきている。

アメリカは一九四九年の中華人民共和国の成立宣言やこれに続く朝鮮戦争以来、共産主義国たる中国との国交が長らくなかったが、一九七二年のニクソン大統領の訪中を経て一九七九年一月には米中間の公式な外交関係を樹立した。このときをはじめとして、アメリカは「一つの中国」という中国の主張を認識するというメッセージを繰り返し発出している。米中外交樹立と同時に、それまで外交関係をもっていた台湾との国交は解消された。ここまでの経緯についてはすでに前述したとおりであるが、この流れが武器関連の貿易についても大きな影響を及ぼしていることについて、特に注意を払う必要がある。この米中国交樹立と米台断交に至るアメリカ政府の政策に対しては、アメリカ議会において批判が相次ぎ、その結果として議会は「一九七九年台湾関係法」（巻末欧文参考資料2）を制定し、同年四月には施行に至った。

こうした議会の意向により、台湾関係法は米台間の事実上の準外交関係と台湾に対する武器の供与を主たる内容とするものとなっている。法文上、台湾に対するアメリカの政策として以下の諸点が明示され、以後現在に至るまでアメリカでは政権によって重きの置き方の違いこそあれど、アメリカの台湾関係の基軸となるとともに、中国との間の緊張関係の重要な要素となっている。

(i) アメリカと台湾人民、中国人民その他西太平洋地域の諸国民との間の発展的で緊密かつ友好的な通商上、文化面その他の関係を保持し促進すること

(ii) その地域の平和安定はアメリカの政治的、安全保障上、経済的な利益であり、国際的な関心事であることを宣明すること

(iii) アメリカと中国との国交樹立という決定は、台湾の将来が平和的手段により決定されるべきという期待のうえに成り立っていることを明らかにすること

(iv) ボイコットや禁輸措置を含め、平和的手段以外の手段により台湾の将来を決定づけるという行為は、西太平洋地域の平和安全に対する脅威であるとともに、アメリカの重大な関心事と考えられること

(v)台湾に対して防御的性格の武器を供与すること
(vi)台湾人民の安全や社会経済システムを危険にさらす武力手段その他の強制的手段に対するアメリカの対抗力を保持すること

一方、国交樹立後早くも一九八一年には、中国はアメリカの台湾向け武器輸出を問題として取り上げ、米中間に緊張が走ることとなった。この摩擦を解消するための交渉の結果、一九八二年八月には十年間で三度目となる米中共同コミュニケが発表された（共同コミュニケの全文は、巻末欧文参考資料3に掲載）。

コミュニケではその第六項において、アメリカ政府による表明として、台湾への武器供与を長期的政策として実行することを意図せず、台湾への武器供与は質量ともに米中国交樹立後の近年の供与レベルを上回らず、台湾問題の終局的解決に至るまでの期間にわたり台湾向け武器供与を徐々に減らしていく意図である、ということを盛り込んでいる。

また、第七項において、アメリカの台湾向け武器輸出の問題の終局的解決に至らしめるため、両国政府はあらゆる努力を行い本件の完全なる解決に貢献する環境を作出する旨も確認されている。

以上の事情についても前述したとおりであるが、この経緯には十分に認識されるべき重要な要素が含まれている。今日の日本ではこのような米中間の長年にわたる協議についてさほど意識されていない向きもあるが、国際間の政治的懸案は常に貿易問題にも影を落とすものであるという事実をこの事例に見て取るべきであろう。両国間の貿易が拡大する一方の米中間には、実はこのような極めて慎重な協議や取り決めがあり、これは軍用・民用を問わずあらゆる貿易の現場において認識されるべき現実であると言えよう。

この共同コミュニケの第六項は、必ずしも台湾関係法の規定と整合的ではない点を含んでいるとみられる。議会が制定した国内法規である台湾関係法と行政府による国際的合意という、規範根拠の違いがあるのは当然である。むしろ、台湾関係法と共同コミュニケとがその後の米中関係を規定する重要ファクターとして脈々と存続し、互いの国の行動をめぐってたびたび緊張関係をもたらす要素となっている点に注目すべきである。

この共同コミュニケの発表を経て、その後しばらくの間は米中両国間ではハイレベルの交流を始めとした緊密な関係が発展する時期を迎え、米中両国間の摩擦は収まったかに見えた。しかし、一九八〇年代の中国を舞台とする大量破壊兵器関連の拡散の動きや一九八九年の天安門事件の発生を機に両国の関係は緊張を取り戻し、さらに一九九〇年代に入り再び台湾をめぐる緊張は高まるに至った。この経緯そのものについては前にも触れたとおりであるが、ここで改めて一連の米中関係に注目するのは、アメリカが中国に対して向ける眼の中には常に安全保障という側面と台湾という「駒」が重要な位置を占め続けてきたためである。

台湾に関連する中国のこの時期の主張は、なお継続するアメリカの台湾向け武器輸出について、この一九八二年共同コミュニケに対する違反であるとするものであった。この点に関しアメリカは、

(i)台湾への武器供与は防御的性格の武器であることから、一九八二年共同コミュニケとは矛盾しない

(ii)台湾への武器供与は、中国の台湾に対する脅威に対してのものである

との立場をとり、中国の言い分を受け入れなかった。(ii)は、共同コミュニケの第七項を引き合いとして、逆に中国側が共同コミュニケに対して違反しているとの反論を提示しているものである。

こうした主張の食い違いの代表例が一九九二年の戦闘機調達をめぐる議論である。その前年一九九一年の北京でのデモフライトを受け、中国は一九九二年と一九九三年にロシアからスホーイ27（SU-27）戦闘機をそれぞれ二六機と二二機、計四八機を購入した。一九八〇年代まで対立していたソ連が崩壊したのを機に、ロシアとの関係を開拓したのである。スホーイ27は、ソ連において開発された大型戦闘機で、一九八九年には西側にも公開されている。高い機動性、四〇〇〇キロメートルにも及ぶ長い航続能力、短距離・中距離の空対空ミサイル搭載能力を併せ持つ。アメリカは、このスホーイ27戦闘機の調達により中国の航空戦力が台湾に対して一方的に強化されると断定し、これに対抗して一九九二年秋には、台湾に対して軽量小型のF-16A／B

戦闘機を一五〇機売却した。この際のアメリカの主張は、先に示したとおりの内容である。一方、中国は逆にこのアメリカの動きに対して強く反発し、一九九二年九月、その前年七月から参加するようになったばかりの中東軍縮協議（Arms Control in the Middle East talk（ACME））への参加を一方的に取りやめてしまった。

一九九二年は、国連が「軍備登録制度」を開始した年である。軍備登録制度は、湾岸戦争時のイラクにおける過大な武器の蓄積が地域の不安定につながったという認識に立って導入されることとなったもので、大規模侵攻用兵器の毎年の輸出入の量とその相手国を報告し公表することを内容としている。戦車、装甲戦闘車両、大口径火砲システム、戦闘用航空機など七カテゴリーの兵器が対象となっている。二〇〇五年時点では、すでに一一七カ国がこの制度に参加している。

中国は、軍備登録制度の発足当初こそ参加していたものの、アメリカが自国から台湾向けの武器輸出をその報告の表に注記して提出したことに対して「一つの中国」を理由として反発し、一九九七年からは報告すること自体を見合わせてしまった。台湾は中国の一部であり中国とは別に台湾あるいは中華民国というものは存在しないという中国の常なる主張は本書でも言及してきているが、この場合にもやはりアメリカに対し主張された中国の基本姿勢であった。二〇〇六年になってアメリカが中国のこの主張に配慮を示して台湾向けの武器輸出の注記を取りやめたため、中国はこれを受けてようやく二〇〇七年八月に、十年ぶりに国連への報告を再開したのである。

この最新の報告によれば、中国は二〇〇六年にロシアから九四四機、ウクライナから五九〇機に上る大量のミサイルを輸入し、バングラデシュ向けにミサイルを輸出しているという図式が明らかとなっている。ただし、従前実施していたイランへのミサイル輸出は、報告上はみられないものとなった。

中国は一九九五年、一九九六年に続けて台北と基隆の沖合に向けてミサイル演習を行った。この台湾海峡軍事演習は、米中間の象徴的な事件であった。一九九五年七月、中国が短距離弾道ミサイル六基を台北沖合の海域に打ち込んだ。台湾の李登輝総統がアメリカへの非公式訪問を承認されたことが契機であったと言われている。さらに翌一九九六年三月、台湾にとって初めての総統民主選挙が行われる直前の時期に、中国は総統選挙が台湾の独立を推進するものとして反発し、短距離弾道ミサイル四基を台北沖合海域と高雄沖合海域に打ち込んだ。「海峡九六一」と称される軍事演習である。中国は、国民党ながら台湾人である李登輝氏が総統となった一九八八年以降は台湾の「台湾化」が進んでおり、李登輝氏が選挙により総統に選出されることとなればさらに台湾独立路線が強まるとみていたものと思われる。ミサイル演習に使用されたミサイルは、東風十五号と東風十一号とみられている。

このとき人民解放軍副総参謀長の熊光楷中将は、アメリカのチャールズ・フリーマン国防次官補との会談で、米軍が介入した場合にはアメリカは台北よりもロサンゼルスのほうを心配したほうがよいと述べ、米軍の介入を強く牽制したと言われる。しかし、台湾関係法をもつアメリカはこのミサイル発射に対して、太平洋艦隊の空母インディペンデンスとペルシャ湾から空母ニミッツを台湾海峡に派遣するという動きに出た。この二空母機動艦隊の派遣に対する中国の反応が注目されたが、中国は軍事演習を中止する道を選んだ。

この台湾海峡軍事演習事件は、その後の両国の動向に影響をもたらしている。アメリカでは、この事件についても、中国のこうした行為自体が共同コミュニケの第七項に違反しているものであるとしている。また、中国が台湾問題の解決のために軍事力を使用する可能性があると見て、ミサイル防衛システムの中に台湾を入れるべきとの主張が強くなった（むろん、中国はアメリカのミサイル防衛計画自体に反対している）。また、一九九七年からは米台の外交・防衛当局間のMonterey Talks（モンテレー対話）が毎年行われるようになった。

他方、中国ではこの事件を教訓に、スホーイ27の発展型であるスホーイ30（SU-30）MKK戦闘機の導入・ライセンス生産や国産機である殲撃十型（J-10）戦闘機の量産などの装備強化に努めるようになった。その結果、

中国・台湾の近代的戦闘機数

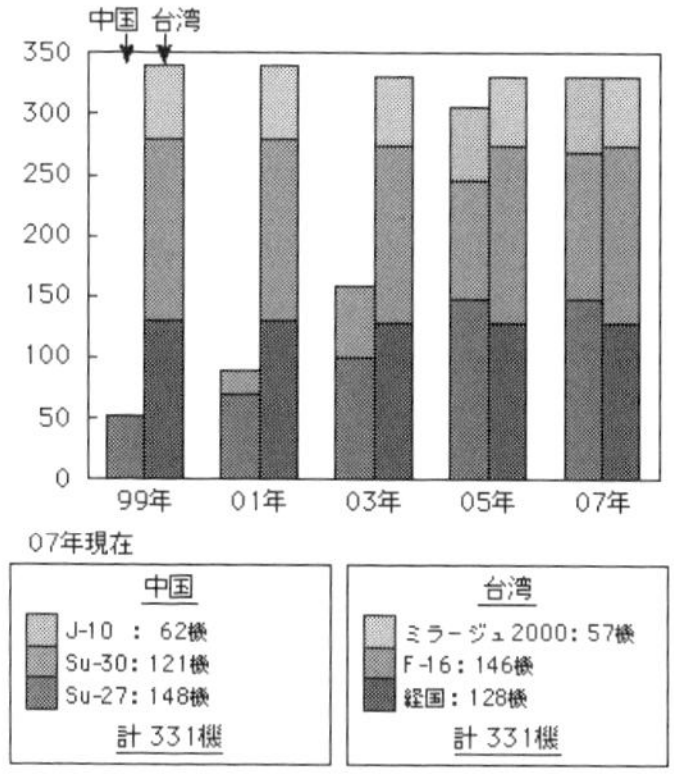

（注）資料は、ミリタリーバランス（各年版）による。

（出所）平成19年版防衛白書

中国の短距離弾道ミサイル数の推移

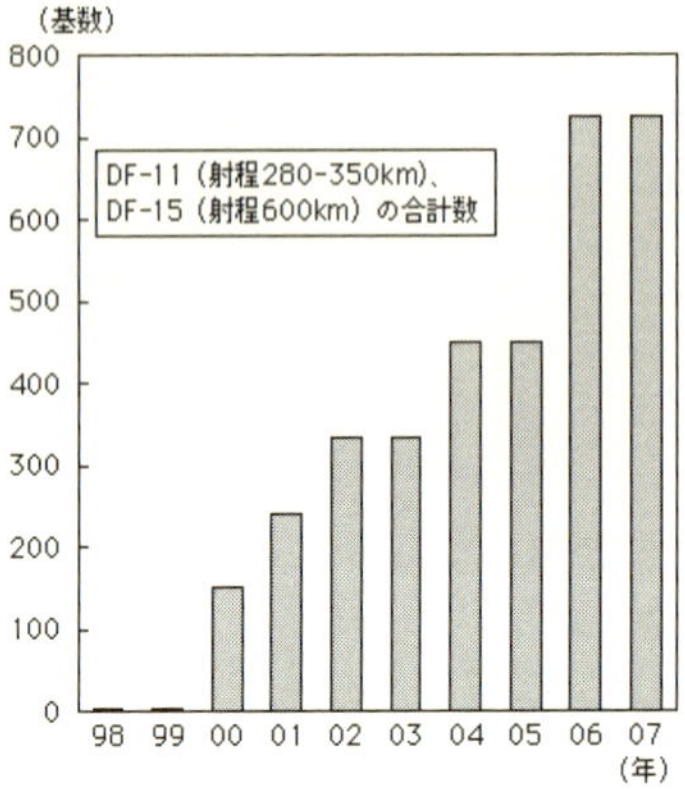

（出所）平成19年版防衛白書

二〇〇七年には、ミラージュ2000戦闘機、F-16戦闘機、経国戦闘機をもつ台湾とは、近代的航空戦力の面で均衡するに至っている。

また、中国は二〇〇〇年以降、福建省を中心に台湾を射程に含める東風十一号（推定射程距離三〇〇キロメートル）、東風十五号（同六〇〇キロメートル）の配備を急速に進めてきている。保有している短距離弾道ミサイルの基数は、すでに少なくとも七〇〇基を上回るレベルに達しているとみられる（アメリカ国防総省は、すでに約九〇〇基に達しており、毎年一〇〇基のペースで増加しているとみている）。なお、一九五八年に現実に中国が台湾の実効支配下にある金門島に対して二カ月にも及ぶ砲撃を実施したことがあるのは前述のとおりであり、このように、過去も現在も対台湾関係について中国は軍備の必要性を重視してきた事実があることに注意が必要である。

二〇〇〇年の台湾総統選挙の結果、民進党の陳水扁氏が新しい総統に選出された。台湾人を母体とする民進党は、より台湾独立志向が強い。また、アメリカでは一九九〇年代のクリントン政権の対中政策が甘いとしてこれに対する議会の不満は強いものとなっていた。こうした図式が、台湾をめぐる二十一世紀初頭の米中緊張関係の基礎にあるものとなった。

二〇〇一年四月に海南島上空で米中の軍用機が衝突し、両国の緊張度が高まったことは既述のとおりであるが、この米中間の変化は両国間のみに留まらず台湾関係にも影響を及ぼすものとなった。一方、この年から始まったブッシュ政権は、前クリントン政権と比べ対台湾関係を重視する立場を採った。同年四月には駆逐艦、ディーゼル潜水艦、対潜哨戒機などの台湾への売却を決定し、また、台湾に対して武器の売却を機動的にできるよう定期会議方式を廃止したのがその例である。ただし、売却の決定がされた武器輸出については、台湾側の財政事情が隘路となり、ようやく駆逐艦が二〇〇五年に入って就航したに留まっている。

その後、遠からず徐々に図式に変化が現れる。二〇〇一年九月にアメリカで同時多発テロが発生したことに対してブッシュ政権は「テロとの戦争」をスローガンに国内外の力の結集を求めた。この「テロとの戦争」に中国が積極的な協調姿勢を打ち出したことは周知のことであるが、これはアメリカの立場を有利なものにするだけでなく、国際協調への微妙な配慮の必要性をも引き起こすこととなるのである。というのは、「テロとの戦争」への中国の理解はアメリカにとって心強いものではあったが、同時に台湾が中国を挑発するような行動をとることがあれば、翻ってアメリカにとってマイナス要素に働くほうが大きくなるようになったからである。また、イラク戦争やその後のイラク情勢に起因するアメリカ軍の余力という面からも、北朝鮮をめぐる核・ミサイル開発問題の解決を図るうえでの中国の役割という面からも、台湾が率先してことさらに中国を刺激することはアメリカにとってより回避したいシナリオとなってきている。

陳水扁総統は二〇〇〇年五月の就任時には「四つのノー、一つのない」を表明した。これは、中国が台湾に対して武力行使しないことを条件に、(i)独立を宣言せず、(ii)国名を変更せず、(iii)「二国論」を憲法に盛り込まず、(iv)統一か独立かを問う住民投票を行わず、(v)国家統一綱領や国家統一委員会を廃止しないというものである。しかし、陳総統は二〇〇二年八月には台湾と中国が別々の国(中国語では「一辺一国」)であると発言し、その後二〇〇三年にも住民投票の実施や新憲法制定を推進するという表明をしており、中国は警戒を強めることとなった。こうした言動に対して、二〇〇三年後半以降のブッシュ政権は、アメリカ政府の立場として「一つの中国」政策を採ることとともに、中台いずれの側からの現状を変更するいかなる一方的動きについても反対であることを表明している。

陳総統は、二〇〇四年三月の総統選挙に合わせて住民投票を実施する方針を示した。しかしその内容については、アメリカの態度の変化を受け、ミサイル防衛力の強化と対中協議メカニズムについて民意を問うというものにトーンダウンせざるを得ないこととなり、独立問題につながる色合いではなくなった。陳総統は再選されたが、同時に実施された住民投票は、野党国民党の棄権勧誘キャンペーンもあり、有権者の過半数を超える投票数が得られず不成立に終わった。

こうして、二一世紀に入った後は、中国が大幅な軍備拡張を続ける一方で、アメリカ製武器の受入れ遅延と住民投票問題という台湾側の事情により、米台間の距離はかえって広がった様相を呈している。こうした政治的な動きが当然ながら武器関連貿易にも直接関係してくるという点に、今後さらに留意が必要であろう。

その後中国では、二〇〇五年三月に「反国家分裂法」が制定された。反国家分裂法の中核は、

(i)最大の誠意をもって最大の努力をつくし平和的統一を実現すること
(ii)台湾の中国からの分裂を許さず、仮に分裂が現実となる場合には非平和的方法その他の必要な措置をとらなければならないこと

の二点にある。これは台湾への武力行使を選択肢として合法化することを示すものであり、台湾は強く反発している。

実際、陳総統は二〇〇六年二月に国家統一委員会の運用停止と国家統一綱領の適用停止を表明しており、さらに二〇〇七年三月には、台湾独立が必要であるなどという主張を内容とする「四つの必要、一つのない」を表明している。これらの発言に中国側が強く反発しているのは明らかである。二〇〇六年に公表された「中国の国防」においては、「台湾独立」分裂勢力とその活動

に反対し、阻止することが政策内容として取り上げられている。

中国にとって台湾は、歴史や文化の側面以外にも、地政学的重要性を占めている。特に、東シナ海・太平洋の資源への接近、中東からの資源輸送ルートの確保という経済的側面や、海軍の動作範囲の拡大、南シナ海の拠点という軍事的側面が挙げられる。

一方、最近の新たな展開として、台湾は国際組織に対して「台湾」（TAIWAN）の名称を公式に使用する動きを示している。台湾は二〇〇二年に「台澎金馬関税領域」の名称で独立関税地域としてＷＴＯ（世界貿易機関）に正式加入し、同年からＯＥＣＤ（経済協力開発機構）の委員会にもオブザーバーとしての参加が認められた。また、二〇〇七年四月には、新たに「台湾」の名称でＷＨＯ（世界保健機関）の正式メンバーとして加盟申請を行った。同年七月には、一九九三年以来毎年「中華民国」の名称で国連への加盟復帰の申請を行ってきた従来の方針を切り替え、新たに国連に対し「台湾」としての加盟申請を行った。中国（中華人民共和国）と類似する名称での加盟を避けて国際的にも認識されている名称を用いようとするものである。これ自体が台湾の「独立」を意味することになるものではないが、中国の反発は明らかである。また、中国との関係を意識するアメリカも反対の意を表示した。現に、同年五月のＷＨＯ総会、同年九月の国連総会では、ともに議題として取り扱われるに至らなかったのである。

一方、二〇〇八年に入り立法院（国会）選挙で大勝した野党国民党は台湾名義での加盟に反対を示し、従来の中華民国名義での国連「復帰」を打ち出す姿勢をとった。結局、国連加盟申請の名義をめぐるこれら二つの主張は、同年三月二十二日に実施された総統選と同時に、それぞれ住民投票に付された。その結果、ともに投票率が三〇%台半ばと低迷し、住民投票としては不成立に終わるものとなった。新総統には国民党の馬英九氏が当選したが、同氏は総統任期中には中国との統一問題は話し合わないことを宣明しており、こうして台湾の内部でも方針が定まらない未解決の重要な課題となっているのである。

台湾をめぐるこうした米中関係はなお引き続き重要かつ複雑な問題であるが、他方、最近の動向として特に重要なのは、近年の中国の軍事力の継続的な増大、特に短距離弾道ミサイルの急速な増強により、台湾をめぐる戦力バランスに大きな変化が現れてきているという点である。

5　軍事面の台頭著しい中国

人民解放軍

近年、中国は継続的な経済発展とともに、その軍事力や軍事費の飛躍的な拡大がますます国際的関心を集めている。

中国の軍事力は、人民解放軍が担っている。そのほかに武装警察部隊や民兵もある。人民解放

人民解放軍の配置

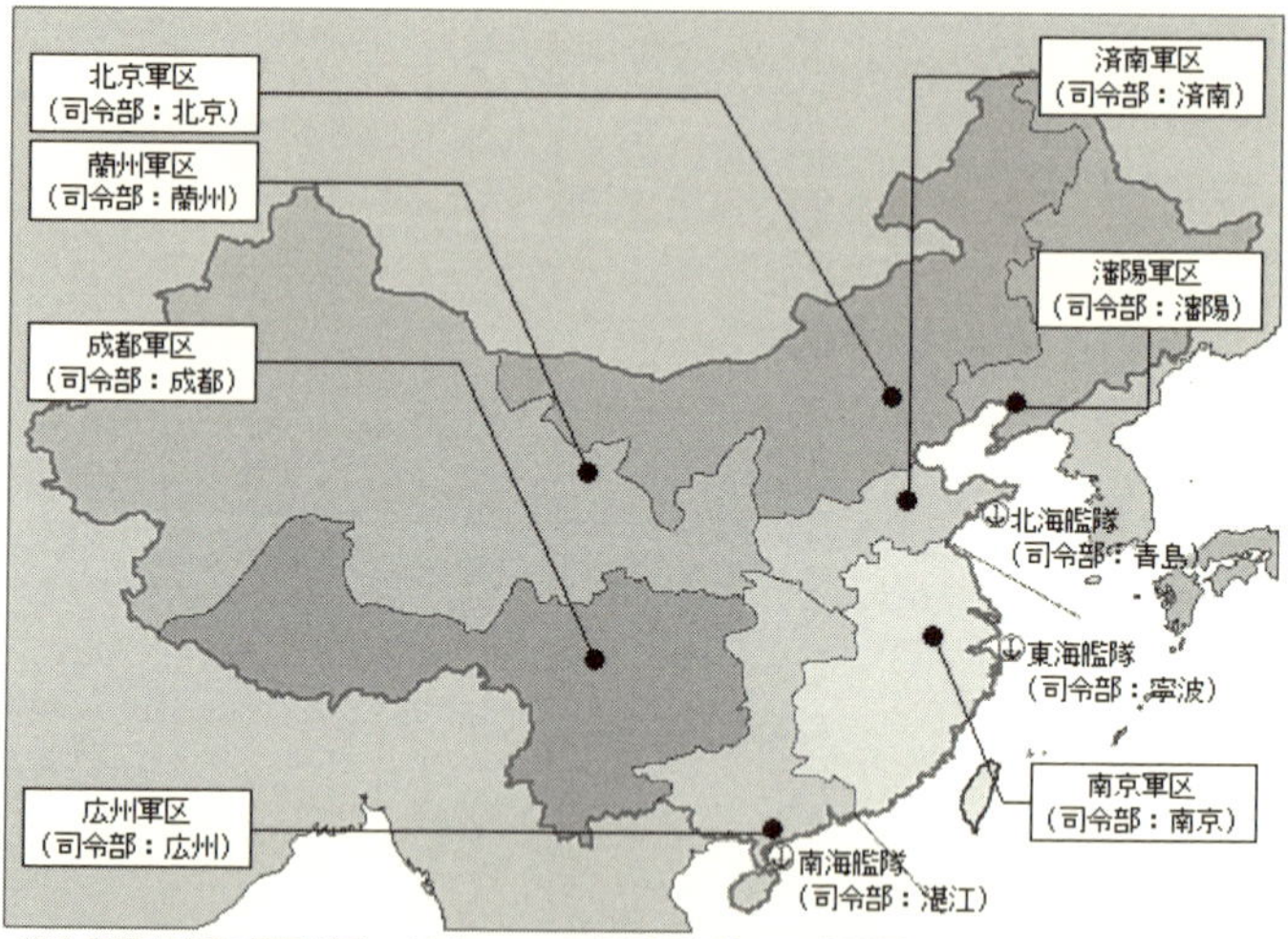

（注）陸軍と空軍の軍区は同一である。　● 軍区司令部　⚓ 艦隊司令部

（出所）平成19年版防衛白書

軍は政府による軍ではなく、中国共産党の軍であるという点に特徴がある。人民解放軍の軍旗などには「八一」の文字が描かれている。これは、人民解放軍の歴史の基点が一九二七年八月一日であったことに由来する。

一九二〇年代半ばの中国国内では、軍閥に対抗するため共産党と国民党が「第一次国共合作」（一九二四〜一九二七年）による共闘を行っていたが、一九二七年四月には蒋介石が上海クーデター（四・一二事件）を起こし共産党を弾圧するに至り、第一次国共合作は事実上、崩壊した。これに対抗し共産党は、同年八月一日、江西省の南昌市で武装蜂起した（南昌起義）。これが現在の人民解放軍の創設時点とされる。当時は紅軍と称されていたが、その後一九三七年に日本軍に対抗するために第二次国共合作（一九三七～一九四五年）が実現すると、紅軍は新たに八路軍や新四軍に改変された。以後第二次世界大戦が終結した後の一九四六年には国共内戦に至り、八路軍や新四軍を編入した「人民解放軍」の名を称することとなった。その後、一九四九年の中華人民共和国の成立を経て今に至るものである。こうした創設の経緯に由来し、現在の人民解放軍はなお共産党の軍隊となっている。

人民解放軍の組織構成においては陸軍が中核的地位を占めているが、これも創設以来のものである。共産党の中央軍事委員会の下に総参謀部・総政治部・総後勤部・総装備部の四部が設けられ、さらにその下に海軍・空軍・第二砲兵（戦略ミサイル部隊）の各司令部が置かれているが、陸軍の司令部だけは総参謀部が兼ねており、一段高い位置づけのものとなっている。

国内には、七つの地域割りの大軍区が設けられている。それぞれの司令部はそれぞれ、北京・瀋陽・済南・南京・広州・蘭州・成都に置かれている。

人民解放軍は、当初はソ連からの武器購入や技術支援により軍事力を増強してきた。しかし一九六〇年代の中ソ対立は、早くもこうした発展を阻むものとなり、ココムによる禁輸下にあって独自開発を進めながらも、その近代化のスピードは遅いものであった。

一九七九年の中越紛争を経て人民解放軍の総兵力は一時四七五万人にまで増加したが、その後は鄧小平党中央軍事委員会主席の指揮下で量から質への転換が図られ、一九八五年までに一〇〇万人の兵員削減が実行された。軍備の近代化へと舵が切られたのである。これにより、大兵力に対応したそれまでの軍需産業の経営の姿に大きな影響が与えられることになったのは当然である。また、立ち遅れていた装備面の近代化を急ぎ、国土の防空型から攻撃・防御の兼備型へという空軍の転換や、近海の警備型から外洋への展開型へという海軍の転換が進められてきた。

ソ連の崩壊後は、中国はロシアとの関係を改善し、以来ロシアが人民解放軍への最大の武器供給国としての地位を不動のものとしている。スホーイ27（SU-27）戦闘機やスホーイ30（SU-30）戦闘機のほか、ソブレメンヌイ（Sovremmeny）級駆逐艦、キロ（Kilo）級ディーゼル潜水艦をはじめ多数にわたる近代的兵器を調達し、一部にはライセンス生産に移行しているものもある。一九八九年の天安門事件以降、中国に対して欧米諸国が武器輸出を停止している中にあり、ロシアが武器やそのパーツを中国に提供するという構図が際立っていることは前述のとおりである。

中露間の武器取引は国際的に注目されている。特にソブレメンヌイ級駆逐艦は超音速対艦ミサイルを装備し、キロ級潜水艦は最新型巡航ミサイルを搭載可能であり、アメリカの空母機動部隊にとっても脅威となり得るとみられる。

二〇〇〇年以降も兵員削減は段階的に進行し、二〇〇五年には総兵員数が二二五万人にまで低下して現在に至っている。ただし、なお世界最大の規模である。内訳は、中核であった陸軍が一六〇万人、海軍が二五万人、空軍が三〇万人、戦略ミサイル部隊である第二砲兵が一〇万人と

中国の公表国防費の推移

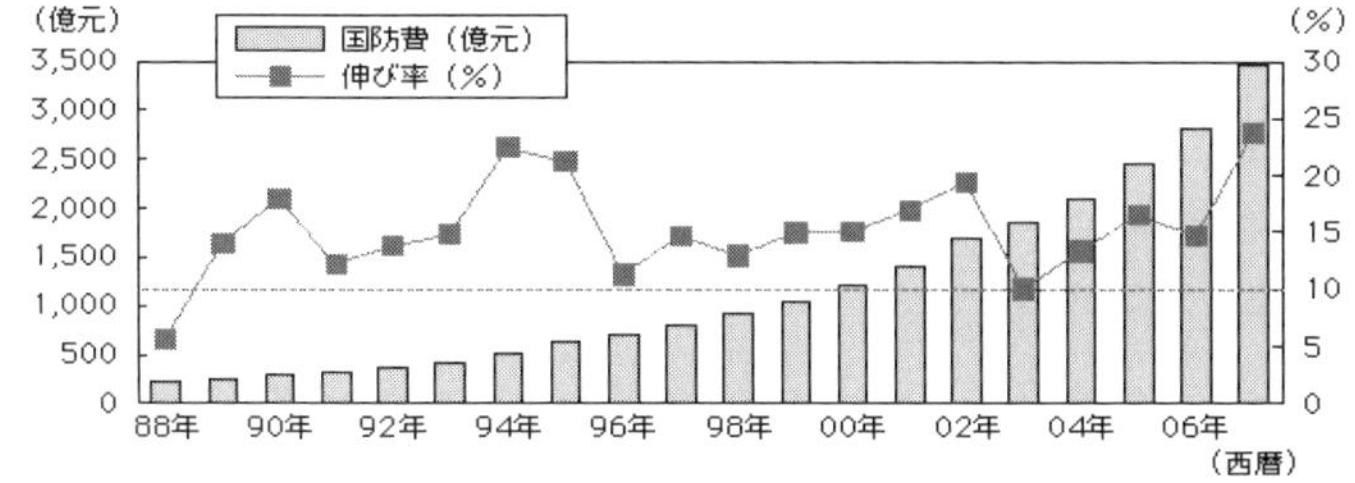

（注）2002 年度および 2004 年度の国防予算額は明示されず、公表された伸び率と伸び額を前年当初予算にあてはめると齟《そ》齬《ご》が生じるため、これらを前年執行実績からの伸びと仮定して算出し、それぞれ 1,684 億元および 2,100 億元として作成

（出所）平成 19 年版防衛白書

みられている。

以上のように、世界最大の兵員数を誇る軍隊がロシアとの武器取引を基軸として急速な近代化を図っているという全体像である。

こうした変化を見せながら、中国の軍事費は急速な膨張の一途をたどっている。中国は「国防費」を公表しているが、近年は二〇年連続で国防費が毎年一〇％以上の増加を示してきている。二〇〇八年度の国防費は、四一七七億元、前年比一八％の伸びである。こうした軍事費の増加の相当部分は、これに対応した軍備の近代化に向けられている。

また、さらに留意すべきは、中国が公表している国防費の額に含められないもので実質的に軍事費にあたると考えられるものが少なくないことである。アメリカ国防総省は中国の軍事力に関する年次報告において、「二〇〇七年度の国防費は四六〇億ドル（補正後）としているが、これには戦略部隊、外国からの兵器調達、軍事関連研究開発、準軍隊の費用が含まれておらず、実際の国防費は九七〇億ドルから一三九〇億ドルである可能性があると見積もっている」と評価している。

中国の軍事力の規模

		中国	(参考)台湾
総兵力		225万人	29万人
陸上戦力	陸上兵力	約160万人	約20万人
	戦車	98A型、96型、88A/B型等 約8,580両	M-60、M-48A/H等 約1,830両
海上戦力	艦艇	約780隻　107万トン	約330隻　20.7万トン
	駆逐艦・フリゲート	約70隻	約30隻
	潜水艦	約60隻	4隻
	海兵隊	約1万人	約1.5万人
航空戦力	作戦機	約3,520機	約530機
	近代的戦闘機	J-10×62機 Su-27×148機 Su-30×121機	ミラージュ2000×57機 F-16×146機 経国×128機
参考	人口	約13億1,300万人	約2,300万人
	兵役	2年	1年8月

(注) 資料は、ミリタリーバランス (2007) などによる。

(出所) 平成19年版防衛白書

一方、人民解放軍固有の事情として、創設当初以来の厳しい財政事情に起因して軍部隊には「副業」すなわち農牧や工業・運輸業などの各種商業的活動が認められ、これによる収入が部隊の給与の補填に回る仕組みとなっていたという事実がある。こうした「副業」による不正を是正するため、一九九五年以降は管理が実施されるようになった。ところがこれに伴い、この給与補填を「表に出す」ことが不可避となり、その分が国防費の急速な膨張の一要素となっているという側面も否めない。

中国は、これまでロシアやインドを始め国境線をめぐる紛争が少なくなかったが、近年は陸上における国境線について隣国との間での和解を積極的に進め、一九九八年以降は六件の国境線紛争を解決してきている（もっとも、インドとの関係では、二〇〇五年にシッキム地方をインド領と認めたものの、最近に至り再びシッキム地方やアルナチャルプラデシュ地方（チベットに隣接）への侵入を重ねるようになったと言われる）。一方、海底資源の存在が誘因となり、南シナ海や東シナ海における領有権などの主張を重ねてきている。これに伴い中国の軍事的視線は、内陸から海域に移行してきていると理解できる。このことについては、後に詳しく内容を紹介する。また、かねてからの台湾問題は、中国の軍事的近代化にとって当面の具体的目標の中心であることは間違いないものと考えられる。

以下、現在の中国における軍事力の詳細を軍編成別に見ていきたい。中国では軍の近代化・ハイテク化が急速に進んでいるが、それはすでに紹介してきたアメリカの中国に向けるいくつかの視線と並んで、さらに重要な照準を加える本質的要素となるためである。また、これは当然軍事費の膨張を招き、武器貿易を中心として世界の貿易事情に少なからぬ影響を及ぼし得るものとしても認識されるべきであるためである。

中国の軍事力については、日本の防衛白書のほか、アメリカ国防総省の年次報告をはじめ、関係当局の調査や研究機関等による報告が少なくない。以下では、これらの調査・報告を通じて、アメリカの目に映る中国の軍事力を紹介する。

陸軍

人民解放軍は、創設時点で陸上戦力により出発したという経緯があり、現在もなお陸軍をその中核としている。陸軍には、海軍などと異なって独自の総司令部組織がなく、「四総部」の一つにあたる「総参謀部」が陸軍の総括を担うものとなっている。

陸上戦力は、兵員一六〇万人規模であり、人民解放軍全体の過半を占める。一九七九年の中越紛争の直後には人民解放軍全体の兵員規模は四七五万人に達し、中越紛争の際の主力であった陸軍も四〇〇万人に近い規模に至っていた。その後の段階的な削減を経て当時の半分以下となっているが、なお世界最大の陸軍である。陸上戦力は、七大軍区のすべてにそれぞれ配備されている。従前の人民解放軍は歩兵が主体となっていたが、近年は機甲師団重視となってきている様子が窺える。現在大軍区に置かれている集団軍は、歩兵師団のほか機甲師団・砲兵師団・防空師団・支援連隊から構成され、独立した総合的な作戦能力を備え持つものとなっている。

人民解放軍は、現在、戦車を八五八〇両程度保有していると見られている。軍の創設当初は、友好関係にあったソ連から各種兵器を購入しており、戦車の主力も旧ソ連製のT-54を基に一九五九年からコピー生産品として量産化されたT-59であったが、さらにこれを基にした中国の独自設計製造による戦車として、T-69、T-70なども開発された。ソ連の崩壊により、その後中国はロシアとの関係を開拓することができるようになり、また同時に旧東側諸国の混乱の中で影響力の拡大をめざすロシアの思惑もあり、以後中露間の武器取引は定着した。ロシアが旧ソ連製のT-72を中国に売却すると併せ、ライセンス生産を認めたことにより、以来中国はこれをベースに独自設計を施した戦車としてT-96やT-98を開発し、順次切り替えを図っている過程にある。

海軍

海軍は、一九五〇年四月に創設された。兵力は二五万人程度とされる。

人民解放軍総参謀部の下に海軍総司令部が置かれ、実戦部隊としては北海艦隊・東海艦隊・南海艦隊の三常備艦隊がある。

北海艦隊は、北朝鮮との国境から江蘇省までの海域を担当する。青島には原子力潜水艦部隊が置かれているが、強襲上陸を行うための陸戦隊はない。東海艦隊では、東シナ海から台湾海峡に至る海域を担当する。南海艦隊は、福建省からベトナムとの国境までと南沙（スプラトリー）諸島・西沙（パラセル）諸島にわたる海域を担当する。このうち南沙諸島は中国のほか台湾・フィリピン・ベトナム・マレーシア・ブルネイの六カ国が領有権を主張している状態にある。南沙諸島は中国最南端の海南島からも遠く、ようやくスホーイ27で到達できるほどの距離にあるが、この水域内の海底資源は国際的にも着目されており、中国は一九八八年には一部を実効占拠している。まさに海洋進出を図る中国の最前線という機能をも担っている。

海軍は艦艇を約七八〇隻、戦闘艦艇（駆逐艦、フリゲート艦）を約七〇隻、潜水艦を約六〇隻保有しているが、旧式のものが多く、その近代化が重要課題と言われている。SLBM（潜水艦発射弾道ミサイル）を搭載する機能をもつ原子力潜水艦としては、同ミサイル十二基を搭載する夏（Xia）型を一隻のみ保有していたが、さらに新型の晋（Jin）型が開発されつつある段階にある。中国のSLBMは、中国初の固体燃料ミサイルである巨浪一号（射程一七〇〇キロメートル）であり、その射程の延長を図るための巨浪二号の開発が行われている。近年ではロシアの技術支援を受け、ソブレメンヌイ級駆逐艦三隻、キロ級ディーゼル潜水艦八隻の導入など艦船の近代化が進みつつあり、アメリカ国防総省も今後の中国海軍の配備について警戒していることは前にも触れたとおりである。ソブレメンヌイ級駆逐艦は一九九九年から二〇〇三年にかけて配備されており、超音速の対空ミサイルや対艦ミサイルを装備している。キロ級潜水艦は一九九五年以降調達しており、静寂製が高く探知されにくい特徴をもち、対空ミサイルを搭載可能である。

中国はこれまで空母を保有していないが、これまでにも建造計画が作成されたこともあり、空母保有の希望を持っている。ここでも、前述の一九九六年の台湾海峡軍事演習に対してアメリカが派遣した空母の脅威は、中国にとって大きな経験となっていると言えるものである。海軍はロシアから旧ソ連海軍の空母ワリヤーグ（Veryag）をスクラップとして購入し、大連港において改修が行われていると伝えられている。

空軍

空軍は、一九四九年に創設されたが、その直後に勃発した朝鮮戦争がその発展のきっかけとなった。兵力は現在、三〇万人程度と言われる。

人民解放軍総参謀部の下に空軍総司令部が置かれ、七大軍区すべてに空軍司令部が設けられている。それぞれの空軍司令部には飛行部隊・警戒管制防空部隊・空挺部隊が置かれている。飛行部隊は、敵地上部隊に対して攻撃を行う攻撃機部隊・爆撃機部隊・敵機に対する攻撃を行う攻撃機部隊からなる。警戒管制防空部隊は、情報収集を行う防空指揮所・対空ミサイル部隊・高射砲連隊をもつ。

空軍創設当初はソ連からミグ15（Mig－15（殲撃二型：J－2））戦闘機やミグ17（Mig－17（殲撃五型：J－5））戦闘機を主体とする支援を受け、これら戦闘機や爆撃機をもつ航空部隊を編成していた。当時は、国土防空が主眼であった。その後ミグ21（Mig－21）戦闘機を殲撃七型（J－7）戦闘機として国内生産に移行し始めたところで一九六〇年代の中ソ対立に直面し、以後その展開は著しく遅れた。J－7はようやく一九六六年になって初飛行に至った。その後は独自開発を進めるようになるとともに、攻撃防御力の兼備を志向するようになる。

こうして一九八一年にはミグ23（Mig－23）をベースとして初めて独自開発した殲撃八型（J－8）戦闘機が導入された。J－8は第三世代に相当し、それまでの機種に対して最大時速、高度ともに性能を高くした大型機である。

特に一九八〇年代は、ソ連の配備するスホーイ27戦闘機の能力は対立関係にある中国にとって脅威であった。これに対抗するため中国は機動性の高い戦闘機を独自開発する必要があり、殲撃十型（J－10）戦闘機の開発に着手していた。一方、その開発のために必要となるエンジンやアビオニクス（航空電子機器）の機能は中国国内では製造できなかったため、西側からの購入を期待するものであった。ところが一九八九年の天安門事件の結果、欧米からの武器は禁輸とされ、開発計画は頓挫するおそれに直面してしまった。しかし、中国にとって幸いなことにソ連が崩壊に至り、その後はロシアとの関係を緊密化し、逆にロシアからの機材調達によりJ－10の開発を進めることができるようになった。J－10は二〇〇三年に初飛行に至り、その後量産の体制に入っている。また、関係構築直後のロシアからは、一九九二年と一九九三年にスホーイ27戦闘機を計四八機購入した。この購入がアメリカの反発を招くこととなったのは、前述のとおりである。また、二〇〇二年にはさらに二八機の追加購入を行っている。一方、スホーイ27の自国生産にも強い関心を示し、一九九五年からはライセンス生産（殲撃十一型：J－11）の開始にこぎつけたが、なおアビオニクスなど重要な構成部品の一部はロシアからの調達を必要としている。ちなみに、J－10やスホーイ27、さらにスホーイ27の発展型で対地・対艦攻撃能力を持ち中国が導入を進めているスホーイ30は、第四世代に相当するものである。中国は二〇〇〇年以降、これら第四世代に相当する近代型戦闘機を急速に増加させており、特に台湾との間でのその量的なバランスではほぼ均衡するに至った。

また、大型輸送機や地対空ミサイルなどについてもロシアから調達する動きを採っており、これらにより防空から前方での制空戦闘能力の確保に向かっている。
他方、こうした航空戦力の急速な近代化と並行して、第一世代を中心とした旧世代戦闘機の退役を進めており、戦闘機全体の機数では一九九六年当時から半減してきている。しかし、第四世代の戦闘機は未だごく一部に留まっており、全体的にはなお旧世代の装備となっている。もっとも、二〇〇五年には旧世代に属する殲撃六型（J-6）戦闘機が増強されているが、この事実は旧世代の援用ということではなく、J-6が無人戦闘機に改良され配備されるようになったという見方となっている。

第二砲兵

第二砲兵は戦略ミサイル部隊と呼ばれてもいる。一九六六年に周恩来首相の下で編成された。北京郊外に司令部を置き、核兵器とミサイルの開発保有を担っている。兵員数は一〇万人程度と言われているが、実態はつまびらかにされていない。

中国の核兵器開発は、運搬手段であるミサイルの開発とともに進められてきた。その目標は、アメリカに対する核抑止力の確保である。中国は建国以来、朝鮮戦争やベトナム戦争、台湾海峡危機などアメリカと対峙することが多く、アメリカの核の脅威に対抗するための報復核攻撃能力を備えることは特に重要な優先的課題であった。

中国は、ソ連の支援の下に核兵器開発を進め、一九六四年には核実験を実行した。以来一九九六年に核実験のモラトリアム（休止）を宣言するまでの間、大気圏内・地下の実験を併せ合計四五回にわたり、内陸のロプ湖近郊で核実験を行ってきた。ロプ湖は、現在は乾燥化が進行して干上がっているが、シルクロードの都市として栄えた楼蘭に隣接する位置にあった湖である。中国は現在、アメリカ、ロシアに次いで四〇〇発程度の核弾頭を保有しているとみられている（ストックホルム国際平和研究所）。

中国の核兵器に関するこれまでの発言からは、中国が少量の核兵器を保有するのは自衛の必要によるものである、核兵器を先制手段として使用しない（先制不使用）、核兵器を保有しない国に対する使用や威嚇をしない、核軍備競争に参加しない、という方針を中国が採っていることが理解できる。もっとも、中国は日本が弾道ミサイル防衛計画に参加することは中国の核抑止力を損ない日本の防衛の必要を超えているとして繰り返し反対を主張してきており、この主張が中国の従来からの方針の説明と整合していると理解することは困難である。

一方、独自に進めてきたミサイル開発の初期の目標は、アメリカに到達するＩＣＢＭ（大陸間弾道ミサイル）とＳＬＢＭ（潜水艦発射弾道ミサイル）であった。アメリカに対する核抑止力という趣旨からの帰結である。

中国は一九七〇年には「長征」ロケットを使用して人工衛星の打ち上げに成功し、すでに中距離弾道ミサイルの開発レベルに達していることが確認された。一九八〇年代初めには液体燃料方式による固定式の弾道ミサイルの開発を完了した。以後は、ＳＬＢＭの開発、固体燃料方式の開発、発射台つき車両による移動式の開発、ＳＲＢＭ（短距離弾道ミサイル）やＩＲＢＭ（中距離弾道ミサイル）の近代化などに課題が移行し、順次開発が進められてきている。また、ミサイルの命中精度の向上も重要な課題としており、アメリカの国家情報長官は脅威評価報告において、中国は米空母などを攻撃するための終末誘導機動弾頭（Maneuverable Reentry Vehicle:MaRV）を開発していると示している。弾道ミサイルの多弾頭化も一九八〇年代以降の中国の目的であり、すでに一九八一年には一基のロケットで三個の人工衛星を打ち上げることに成功している。

現在、中国は、七種類または八種類の陸上発射式の弾道ミサイルを保有しており、これがミサイル戦力の中心となっている。特に近年は、福建省を中心に台湾海峡を睨んでＳＲＢＭの配備が急速に進んでおり、逆にＭＲＢＭ（準中距離弾道ミサイル）は減少している。

ＳＲＢＭでは、最も多く配備されているのが東風十一号（ＤＦ-11）であり、二〇〇五年には五〇〇基に達していると見積もられている。東風十一号は推定射程距離三〇〇キロメートルであり、推定ＣＥＰ（半数必中半径）は一五〇メートルと小さい。ソ連製短距離弾道ミサイル「スカッドＢ」の改良型にあたり、一九九二年から配備されている。固体燃料型ミサイルで、核弾頭の搭載が可能である。輸出向けでもあり、たびたびパキスタン向けのミサイル供与として取り上げられてきたのがこのタイプである。次いで多いのが東風十五号（ＤＦ-15）で、二〇〇基以上配備されている。推定射程距離は六〇〇キロメートル、推定CEPは六〇〇メートルである。一九九一年から配備され、固体燃料型ミサイルで、核弾頭の搭載が可能である。これも輸出向けでもあり、GPS技術の使用により命中精度を高めることもできるとされる。これらはトラックに積載されて移動する機動式である。現に一九九五年から一九九六年の台湾海峡軍事演習の際には、列車やトラックにより移動して発射されたと見られている。一方、推定射程距離が五〇キロメートルから一五〇キロメートルである液体燃料型ミサイルの東風七号の配備状況は不明であるが、これはロシア製の地対空ミサイルの改良型であり、核兵器搭載はできない。

MRBMやIRBMの射程距離になると、日本全土も射程に入り得る。東風三号（DF-3）は、当時のフィリピンの米軍基地を攻撃する能力を持つものとして、一九六〇年代後半に開発された。純国産ミサイルであり、推定射程距離二八〇〇キロメートル、推定CEPは三～四キロメートル内外である。液体燃料型ミサイルであり、核兵器の搭載が可能である。東風三号はその後に開発された移動式の東風二十一号（DF-21）に転換が進められてきており、現在はほぼ退役状況にある。グアム島の米軍基地なども攻撃する能力があるミサイルとして一九七〇年代に開発された東風四号（DF-4）は、推定射程距離が五〇〇〇キロメートルに近いが、推定CEPは三キロメートル以上であり、やはり移動式の東風二十一号に転換が進められつつある模様である。東風二十一号は、中国初のSLBMである巨浪一号（JL-1）の地上版にあたるもので、推定射程距離が二五〇〇キロメートル、誘導端末とジャイロをもつことにより推定CEPは四〇〇メートル程度と命中精度が高い。固体燃料型ミサイルで、発射までに要する時間も短い。移動式であり、核弾頭の搭載が可能である。なお、中国は二〇〇七年一月に気象人工衛星「風雲1C」を宇宙空間で破壊する実験を実施したが、その具体的内容は明らかにされておらず、実験には東風二十一号が使用されたという見方がされている。

アメリカ本土にまで到達するICBMは、二種類保有している。東風五号（DF-5）は一九八〇年代から配備された。これは、推定射程距離が一三〇〇〇キロメートルであり、推定CEPは五〇〇メートル～三キロメートル程度である。二十基程度保有していると見られるが、液体燃料型ミサイルであり、発射までに要する時間は相対的に長い。東風三十一号（DF-31）は推定射程距離が一〇〇〇〇キロメートルであり、推定CEPは五〇〇メートル程度と小さい。移動式であり、多弾頭化の対象である。

中国は、SLBMを一種類（巨浪一号（JL-1））のみ保有している。これは、中国で最初の固体燃料型ミサイルとなったもので、一九八二年には初回の発射実験が行われている。推定射程距離は一七〇〇キロメートル程度、推定CEPは一キロメートル程度である。核弾頭搭載型である。十二基保有しており、これを搭載するのは唯一保有している原子力潜水艦である夏（Xia）型だけであるが、さらに新型の晋（Jin）型も開発されつつある。中国はさらに、その長距離化を進めており、東風三十一号の潜水艦版となる巨浪二号（JL-2）を開発中で、二〇〇五年には原子力潜水艦のある青島沖から内陸砂漠地帯に向けて発射する実験を行っている。アメリカは、

中国が保有するミサイル状況（推定）

区分	名称		射程距離（推定）	基数
SRBM（短距離弾道）	東風 7 号	DF-7	50-150km	
	東風 11 号	DF-11,M-11A	300km	500
	東風 15 号	DF-15,M-9	600km	225
IRBM（中距離弾道）	東風 21 号	DF-21	2500km	33
	東風 3 号	DF-3A	2800km	2
	東風 4 号	DF-4	4750km	20
ICBM（大陸間弾道）	東風 31 号	DF-31	10000km	6
	東風 5 号	DF-5A	13000km	20
SLBM（潜水艦発射弾道）	巨浪 1 号	JL-1	1700km	12

（注）MRBM は IRBM に統合して計上した。
（資料）「Military Balance」等より

中国の弾道ミサイルの射程距離

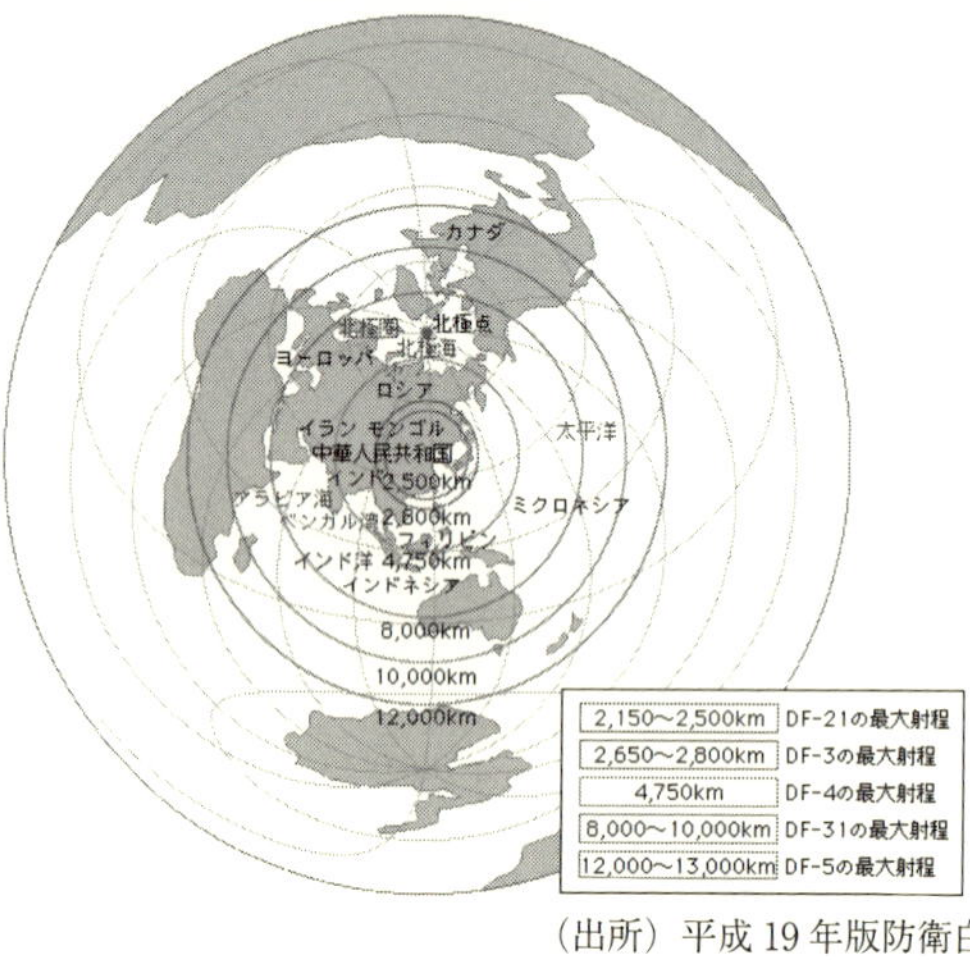

（出所）平成 19 年版防衛白書

中国が二〇一〇年までに巨浪二号を十基程度搭載する晋型原子力潜水艦を複数配備するようになるものとみている。

以上のように、中国は明らかに、弾道ミサイルの開発・配備について、短距離弾道ミサイルの配備強化と弾道ミサイルの近代化という二本柱を志向している。

なお、中国の巡航ミサイルは海軍や空軍により配備されているが、その実態は不明な部分が多い。中国は湾岸戦争におけるアメリカの巡航ミサイルの威力に脅威を覚え、巡航ミサイルの開発に力点を置くようになった。この開発に当たっては、ロシアから巡航ミサイルの開発に利用できる技術やサブシステムを導入してきている。すでにミサイルの自力開発を進めてきた中国にとっては、今後重きを置く技術は、特に命中精度の向上、ステルス性、燃料効率化に関する技術である。この点で、アメリカの技術やイスラエルの技術が意図せず中国のミサイル技術の向上に用いられることとなったという見方もある。

近年の中国の展開

これまで中国の人民解放軍の展開について触れてきたところからは、人民解放軍の巨大な兵力とその一方で近代化が遅れていた軍備、急速な軍事費の膨張と装備の近代化への取り組み、ロシアへの武器技術の依存、台湾とアメリカを特に意識した兵器開発などの特徴が見受けられる。こうした軍の動向については人民解放軍の軍編成別にそれぞれ部分的に言及してきたことであるが、さらに中国が近年新たな動きを示している点には注意が必要である。

中国と人民解放軍の新しい動きの一例が、陸から海へのシフトである。中国は大陸において長い国境線をもち、十四もの国と国境を接している国家である。以前からロシア・インドなどとの間には国境線をめぐる長年の紛争を抱えていた。しかし近時、ベトナム・ロシア・インドとそれぞれ平和裏に国境を画定する合意に至り、二〇〇五年までにほとんどの陸地の国境紛争は解決をみた。カザフスタンなど中央アジア諸国とは、ＳＣＯ（上海協力機構）を通じて関係の緊密化を図っている。

他方で二〇〇四年十一月には中国原子力潜水艦が日本の領海内で潜没活動を行ったことをはじめ、中国船舶の日本近海への出没など、国連海洋法条約や日中間の事前通報制度合意を損なう事例もみられる。また、従前から中国は南沙（スプラトリー）諸島や西沙（パラセル）諸島など南シナ海における活動拠点を強化してきており、周辺諸国との間で領有権をめぐる争いの中にあった。二〇〇二年には中国とＡＳＥＡＮ諸国による「南シナ海行動宣言」がまとまり、領有権争いは停止されることとなったが、二〇〇七年に中国が自らの行政区域をこれら地域にまで適用する動きを示し、再び紛糾するおそれもある。

こうした海洋シフトの動きは、より遠方海域での防衛活動を企図するという軍事的側面のほか、台湾独立阻止のための基盤確保という政治的側面、さらには海洋資源などの権益確保、石油など輸入依存度の高い資源の輸送の安全確保といった経済的側面にまたがる背景をもっている。中国のそれぞれの海洋進出の動きは、以上のような総合的な戦略に基づくものとみるべきであろう。

また、宇宙への展開も重要な動きである。中国はもともと、軍事用の人工衛星打ち上げが先行してきたが、これまで、遠隔探査衛星・通信放送衛星・気象衛星・科学探査衛星・地球資源探査衛星・航空衛星を開発し、高い技術力を発揮してきている。衛星運搬ロケットである「長征シリーズ」は、一九七〇年の「東方紅」衛星の打ち上げ成功に始まり、すでに八〇回以上の打ち上げ成功を収めている。さらに今後も、各種の宇宙プログラムを計画・公表している。

一方、宇宙事業の目的のうちには「国家の安全」も含めており、二〇〇六年十二月に発行された『中国の国防』においても、科学技術プロジェクトの組成・実施を国防科学技術全体の著しい発展に連ねた表現をとっている。宇宙開発が軍事目的と関連付けられているとみるべきであろうか。

中国は、二〇〇七年一月に、自国の気象人工衛星「風雲1C」を宇宙空間で破壊する実験を実施した。中国政府からその意図や内容は明らかにされていないが、この実験は高度約八五〇〜八六〇キロメートルの軌道に存在した自国の気象衛星「風雲1C」にミサイルを命中させて破壊したもので、中距離弾道ミサイルである東風二十一号（DF-21）をベースとした固体燃料型ロケットが使用されたとみられている。これ以前にも、いずれも失敗に終わりながらも同様の実験が行われてきており、宇宙兵器は中国の一つの重点分野とされてきていることが窺える。宇宙の安全利用や安全保障の面からみて少なからぬ懸念がもたれる状況にあると言えよう。以下に見るとおり、中国は二〇〇二年、ロシアなどとともに通常兵器の宇宙空間等への配備禁止のための条約草案を提出したものであるが、自らこの提案と並行して衛星破壊実験を実施したという事実の示唆するところは大きい。中国は今後こうした破壊実験を行わないとの意志を示したが、この実験が示唆する中国の基本姿勢についての不安はなお根強く残る。

現在、国際的には、宇宙空間の軍事利用を規制することを内容とする次の三つの条約が存在する。

(1)宇宙条約(「月その他の天体を含む宇宙空間の探査及び利用における国家活動を律する原則に関する条約」(一九六七年発効))

大量破壊兵器の宇宙空間への配置を禁止、月その他の天体の軍事施設の設置等を禁止。

(2)部分的核実験禁止条約(「大気圏内、宇宙空間及び水中における核兵器実験を禁止する条約」(一九六三年発効))

宇宙空間における核実験を禁止。

(3)環境改変技術使用禁止条約(「環境改変技術の軍事的使用その他の敵対的使用の禁止に関する条約」(一九七八年発効))

地球や宇宙空間の構造、組成、運動等に変更を加える技術の軍事的使用その他の敵対的使用を禁止。

これにより大量破壊兵器の宇宙空間への配備等は禁止され、現在の宇宙の軍事的利用としては、主に偵察・早期警戒衛星・通信衛星・測位衛星（GPS）が認められるものとなっている。一方、科学技術の進歩に伴う宇宙空間の軍事利用の拡大を抑制するため、宇宙条約の精神に従って追加的な措置が採られるべきとの議論が行われるようになった。

一九九九年から中国は、米国のミサイル防衛問題を契機として宇宙空間の兵器化防止の推進を強く主張するようになり、二〇〇二年六月、ジュネーブ軍縮会議に中国・ロシアなどが共同作業文書（条約草案）を提出した。これは、宇宙条約で禁止されていない通常兵器の宇宙空間などへの配備の禁止を主たる目的としているものとみられる。この条約草案は未だ採択されるに至っていないが、その一方で、これを提出した主体である中国はその後二〇〇七年に至り、前述のとおり人工衛星破壊実験を実施したのである。

（参考）二〇〇二年の中国、ロシア等による宇宙の兵器化防止に関する共同作業文書

（条約草案）の概要

1. 名称

宇宙空間への兵器配備及び宇宙空間中の物体に対する戦力の使用及び威嚇の防止条約

2. 基本的義務

・あらゆる種類の兵器を運搬する物体の地球周回軌道への配備の禁止

・天体上への兵器設置の禁止
・その他のあらゆる方法での宇宙への兵器配置の禁止
・宇宙（に配置された）物体に対する武力の行使と威嚇の禁止
・条約によって禁止される活動に関し、他の国家、国家集団、国際機関への協力、助長の禁止
3．宇宙の平和利用及びその他の軍事的利用
・平和目的のための研究と利用、もしくは条約で禁止されていないその他の軍事的使用を妨げるものではない
・各締約国は、一般的な国際法の原則に従って宇宙空間における活動を行うべきであり、また、他国の主権と安全を犯してはならない

台湾をめぐる図式の変化も顕著である。

すでに触れたように、軍事面では一九九〇年代から継続する中国の大幅な軍事費の増強が注目されている。中でも特に一九九六年の台湾海峡軍事演習事件以降の短距離弾道ミサイルの急速な配備が世界の耳目を集めている。むろん陸海空軍を通じた兵力の量でみれば圧倒的に中国が台湾に勝る。しかも、質の面でも中国の海軍・空軍の装備は急速に近代化を進めつつあり、特に近代的戦闘機では中台の配備レベルが均衡する動きとなってきている。また、中国が台湾対岸にあたる福建省を中心に急速かつ大量に配備を進めた短距離弾道ミサイルは、すでに七〇〇基以上に達

するものとなっている（約九〇〇基に達しているとの見方もある）。

一方、軍事面以外では、二〇〇一年の同時多発テロ以後にアメリカの姿勢に現れた変化が挙げられる。すでに見たように、台湾が率先して中国を刺激し中国との摩擦を高める動きを採ることとなるのは、アメリカにとって不利に働くと受け止められる図式になったのである。二〇〇八年の総統選挙に際して住民投票という新たな展開を示した台湾当局、二〇〇八年の北京オリンピックに向けて国際的な信頼感を高めておきたい中国、同じく二〇〇八年の大統領選挙に向かう過程にあって政治的に新たな踏み出しを行いにくいアメリカと、それぞれの事情のトライアングルの中にあって、当面はこの図式が継続するものと見込まれる。

また、近年特に進展した中台経済の緊密化も構造的な変化である。政治的な距離感とはまったく異なり、中台間の経済交流は年々深まりつつあり、「三通」すなわち両岸の通商・通航・通信はさらに発展を示している。二〇〇六年には航空機の直航も実現をみた。対中貿易は台湾にとって全貿易額の二〇％以上を占めるに至った。こうした中ですでに二万数千社を数える台湾企業が中国大陸に進出しているなど、経済活動面ではより現実的・実益追求型の動きが主流となっている。

こうした展開の中、アメリカは近年になり、中国は戦略的岐路にある国家であり、長期的にはアメリカと競争関係になりその軍事的優位を崩しかねない軍事技術を配備する潜在的な能力が最も大きい国家であると見るようになってきている。このため、中国が国際社会における建設的なパートナーとなるよう働きかける一方、そうした働きかけに失敗した場合に備える必要があるという認識を示している（二〇〇六年「Quadrennial Defense Review」）。

以上のような中国の動きは何を意味し、アメリカにはどのように映るものであろうか。すでに見てきたように、国際的な安全保障の基軸は、東西冷戦の時代から現在に至るまで、国際関係の展開に応じて変遷を示してきた。輸出管理はそうした安全保障を確保する手段として各国によって実施されてきた。戦後体制の下にあって、国際関係の変化にかかわらずアメリカは一貫して国際的安全保障と輸出管理の推進主体であった。その間中国は、国際的な環境や構図の変動に応じて距離感にたびたび変化を示しながらも、常にアメリカから相当な距離を置かれる存在であった。現在は、その中国が世界の中で極めて大きな貿易取引の相手に成長しており、輸出規制による影響は一段と無視しがたいものになってきている。一方、中国の軍事力をめぐる最近の動向は、アメリカの安全保障や輸出管理の中により大きな独自の見方を必要とさせつつある。そして日本は、貿易立国として自由な貿易の恩恵にあずかる立場からも、こうした中国の動向やアメリカの姿勢に特に敏感であるべきである。

次章では、アメリカが新たに導入した輸出規制の実像を確認し、日本としての課題について考察する。

第3章　新輸出管理と今後

1　アメリカの中国向け新ルール

二〇〇七年六月十九日から、アメリカの商務省は、中国向けのアメリカ独自の輸出規制を実行に移した。

注意を要するのは、この規制の適用範囲は、アメリカから中国に向けられたものに限定されていないということである。アメリカを起源とするものが外国から中国に向けて再輸出される場合にも、この規制は適用され、事前にアメリカ当局の許可が必要とされるのである。具体的には、他の国から中国に向けた場合にも以下のケースでは、アメリカ製品や技術の関与の度合いによって、アメリカの規制が同様に適用されることとなる。

(i)アメリカ製品をそのまま輸入先の業者が中国に向けて再輸出する場合
(ii)アメリカ製品が輸入先の国で別な貨物に組み込まれその貨物を外国業者が中国に向けて輸出する場合
(iii)アメリカ製の技術を使って外国で直接製造された製品を外国業者が中国に向けて輸出する場合
(iv)アメリカ製の技術に基づいて設計された外国工場で直接製造された製品を外国業者が中国

に向けて輸出する場合

アメリカ国外の業者がアメリカ国外で行う輸出ビジネスであっても、アメリカの「再輸出規制」に基づいた許可が必要とされることがあるのだ。

この中国向けの独自輸出規制は、安全保障を理由とする「輸出管理」ではあるが、あくまでもアメリカ独自の制度である。特に中国を名指しにして新たに導入された仕組みなので、一般に「チャイナ・ルール」とも呼ばれている。

こうした輸出管理制度は、すでに見たように同じ目的を共有する多くの国が協力し合って実行することにより効果を発揮する。このため、兵器類の種類に応じて結成されている国際輸出管理レジームに各国が参加し、その合意内容に則って各国が規制を実施しているのである。ただし、むろんこうした国際輸出管理レジームの参加国がこれに加えて独自の輸出管理制度を実施することは各国の任意であり、現にアメリカなどでは国際輸出管理レジームの合意内容に上乗せした規制が導入されている。

新たに導入されたアメリカの中国向け独自輸出規制は、これまで国際輸出管理レジームに沿って実施されてきた規制範囲を、中国向けの場合に一部拡大して適用するというものである。拡大される範囲として三一品目が明示され、これら以外のものには新たな規制は適用されない。三一品目に入るものについても、常に許可が必要となるのではなく、「軍事用途」(Military End Use)に用いられるという情報がある場合に限定されるので、こうした情報を事前に得ていない場合には何ら規制はかからない。

また、こうした情報があって規制が適用されるという場合であっても、決してその輸出や技術提供が認められなくなるということではない。中国の軍事的能力の向上に直接重大な寄与をすると認められる場合に限って拒否される(不許可となる)というものである。この「中国の軍事的能力」が何であるかという点については、定義は示されていないが、「主要な兵器システム」(Major Weapon System)としていくつかのカテゴリーが例示されている。こうした独特な要素が込められたものとなっているのである。

中国では、一貫して毎年二桁の伸び率という大幅な国防費の拡大が継続し、すでに最近二十年間では一九倍にも膨張している。また、これまで旧式の装備に依存していたが、その近代化は格段に前進を示しつつある。こうした中国の軍事力の変化は、特にアメリカ議会や国防総省の警戒意識を強く喚起している。

アメリカでは、国防総省など関係省庁により、中国の軍事力強化を防止するための検討が行われてきた。民生用に使われる汎用品(dual use items)の輸出の可否に関する審査・判断体制は関係省庁一体によるものであるが、制度構築や実務窓口は商務省が担っている。グティエレス商務長官は、こうした中国向けの追加的輸出管理制度の導入の指揮を執った。

二〇〇三年には、ワッセナー・アレンジメントで非リスト品規制に関する合意をみた。これは武器禁輸国に照準をあてたもので、通常兵器の過剰な蓄積や移転が地域紛争を招くことを防止するというワッセナー・アレンジメントの趣旨に由来するものである。ここでいう武器禁輸国は、スーダンやリベリアなど国連安全保障理事会で武器禁輸の決議に至っている十カ国程度が対象であり、そのほかにEUなど地域によって武器禁輸国との決定を下しているところを加えることもできる。

中国は欧米からの武器の輸出が禁じられたままとなっている。これは天安門事件に由来するもので、中国国内の人権問題に対する制裁の色合いが濃い。逆に、ワッセナー・アレンジメント合意による非リスト品規制の対象と位置付けられているものではない。しかし、アメリカ政府がこのワッセナー・アレンジメント合意による非リスト品規制に強く刺激を受け、これをヒントとしたのは不自然なことではあるまい。アメリカは未だワッセナー・アレンジメント合意による非リスト品規制を実施しておらず、その導入は急がれる必要があるが、中国向け規制という独自規制の導入をこれに優先させたのである。

アメリカの制度導入に向けては、事前に商務省による公開の意見募集手続き（パブリックコメント手続き）が行われた。中国向けの輸出規制の強化については、特に対中国ビジネスの抑制につながることを恐れるアメリカ産業界を中心として、強い反発がある。また、アメリカ議会や研究機関などではもともと中国に対して根強い不信や否定的立場もあり、こうした限定的な追加規制がそれ自体不十分であるとの意見もある。こうした中、産業界を中心として五七社から延べ一〇〇〇ページを上回るほどの意見が寄せられ、その結果、もともと規制対象案としては四七品目であったところが三一品目に減少したものである。

アメリカ商務省はこの規制の影響を受ける輸出の範囲として、年額五〇〇万ドル程度と見込んでいる。この額は、アメリカの中国向け輸出全体の年額（五五二億ドル（二〇〇六年））に照らしてみれば、政府が規制の影響度をかなり小さいとみているものであることが理解できる。

なお、この中国向け独自輸出規制の導入に当たっては、アメリカ政府は「対中輸出の促進」と「中国の軍事的能力強化をもたらす輸出の防止」とを並べ、パッケージとしての説明を繰り返している。「対中輸出の促進」につながるものとして、制度の本則によれば中国向けには輸出許可が必要となる場合であっても、中国国内の特定の業者に向けた輸出であればその許可自体を不要としてしまうという制度を新たに導入したのである。俗に「ホワイトリスト」とも言われる制度で、これに該当する中国輸入企業はごく少数になるとは見込まれるものの、一面画期的な仕組みであることは間違いない。

むろん、こうしたパッケージであっても、中国政府はこうした中国を特別視する規制に対して反発の姿勢を見せている。また、ヨーロッパ諸国は、このアメリカの新たな中国向け規制に対して距離を置いている。

以下、影響度は小さいとみられるものの新たに独特な要素を持ち合わせている中国向け規制の内容を紹介する。なお、他国からの再輸出に対してアメリカの規制を適用するという「再輸出規制」についても、内容は同様である。

規制される品目

新たな中国向け規制の対象とされる範囲は、三一品目とされる。ちなみに三一品目というのは、貨物一八品目とその関連技術一三品目を合計したものである。これは、アメリカの輸出管理規制上の分類によるもので、それぞれの「品目」にはその定義に属する製品や部分品などがすべて含められるため、感覚的な「品目」という概念よりは広いものであることに注意を要する。もちろん、今後の諸事情によって追加削除される。

三一品目はいずれも、国際輸出管理レジームの合意によって規制対象とされているものではない。いわゆる非リスト規制品である。劣化ウラン・繊維複合材料・ベアリング・数値制御工作機械・高性能コンピュータなどが三一品目の中身として示されているが、これらはリスト規制品に至らないレベルのものを指している。

アメリカはすべての国際輸出管理レジームに参加し、中国向けの輸出規制をこれに沿って実施しているため、この新たな規制による分は純粋に追加規制となる。新たな規制は単に中国の軍事的能力を照準にしており、大量破壊兵器の不拡散という狙いのものではないので、国際輸出管理レジームの中でも通常兵器に関するワッセナー・アレンジメントの担当分野にあたるものと理解される。ワッセナー・アレンジメント合意による「通常兵器キャッチオール」との関係は、別に触れる。

アメリカは、この規制対象品目の範囲の選定基準として、

(i)その品目の軍事的使用可能性(military applicability)
(ii)他からの調達可能性(foreign availability)
(iii)アメリカから中国へのその品目の輸出量

の三点を採り上げ、その総合的判定により採否を決するとしている。この基準の(ii)については、他国からの調達可能性と比較し、中国国内で調達できる可能性に特段の重きを置くという二段階の考慮をすることとしている。当初案の四七品目の選定もこの三基準によっていたものであるが、さらに外部意見を含めた判定の結果として三一品目に絞り込まれた。したがって、この三一品目は、この制度発足時点で中国の軍事的能力強化をもたらす懸念がもたれるもので、他からの調達可能性が低いということになる。

ところで、もともと軍事的能力強化をもたらすような品目はワッセナー・アレンジメントによる規制品目となり、国際的に共通な輸出管理の対象とされてきている。このため、こうした追加的規制の対象となるものは、ワッセナー・アレンジメントによる規制品目とするに及ばないとみられている品目、ワッセナー・アレンジメントの規制レベルに達しないスペックの品目、新規性が強くワッセナー・アレンジメントによる規制対象として合意されるに至っていない品目のいずれかということになる。

一方、この三一品目についてみると、果たしてこの基準との関係では必ずしも明快とは限らない。まず、全般的にみてワッセナー・アレンジメントによる規制レベルに達しないスペックの品目、すなわち「スペックダウン品」である。従前のココム時代の規制対象品であったもので、ワッセナー・アレンジメントに移行し時代も進展して規制の必要性が低いとしてリスト規制品からはずれたものが、大半を占めている。こうした品目に対する規制が、実際には果たしてどの程度、中国の軍事力強化を防止するという効果をもつと期待できるのだろうか。

また、規制の趣旨とされる「中国の軍事的能力強化をもたらす輸出の防止」との関係では、問題となる軍事力強化とこれらの品目との関連が明らかとされていないという側面もある。さらには、三一品目の一部には、中国で現実に製造・調達することが十分可能であるものも含まれているという点もある。劣化ウラン（depleted uranium）や一部の工作機械（machine tools）などである。

ちなみに、劣化ウランはウランの濃縮過程で生じる副産物で、核分裂を起こすウラン二三五の

アメリカの中国向け追加規制対象の 31 品目
Items Subject to Military End-Use Control

品　目	関係する ECCN
劣化ウラン	1A290
繊維複合材料	1C990 1D993 (related software) 1D999 (related software) 1E994 (related technology)
油圧用作動油	1C996
ベアリング、ベアリングシステム	2A991
工作機械（数値制御あり、なし）等	2B991 (numerically controlled better than 9μm) 2B992 (non-numerically controlled)
測定機	2B996
オシロスコープ等	3A292.d 3E292 (related technology)
フラッシュ X 線装置、パルスパワーシステムの部分品	3A999.c
高性能コンピュータ	4A994 4D994 (software "specially designed or modified for "development, "production", or "use" of equipment controlled by 4A101).
プログラム認証ソフト等	4D993
超高温・低音下で機能する通信機器	5A991.a 5D991 (related software) 5E991 (related technology)
直交振幅変調技術による通信機器	5A991.b.7 5D991 (related software) 5E991 (related technology)
フェイズドアレイアンテナ	5A991.f. 5D991 (related software) 5E991 (related technology)

レーザー	6A995
光センサーファイバー	6C992
航空通信機器、慣性誘導システム、その部分品	7A994 7D994 (related software) 7E994 (related technology)
アビオニクス機器の製造・検査装置	7B994
水中システム・装置、その部分品	8A992 8D992 (related software) 8E992 (related technology)
航空機	9A991.a 9D991 (related software) 9E991 (related technology)
ガスタービンエンジン	9A991.c 9D991 (related software) 9E991 (related technology)

(注) ECCNは、アメリカの輸出規制品目分類番号 (Export Control Classification Number) である。通常は左から5桁で表現されるため、規制対象31品目というのは、上の表の中で左5桁レベルでくくったものである (重複を排除した後)。なお、ECCNでは、ある貨物に関連するソフトウェアと関連する技術はそれぞれ、別個独立した品目として計上される。

各品目の正確な定義は、巻末欧文参考資料4に掲載。

含有率が天然ウラン（含有率〇・七％）より低くなったウランである。劣化ウランは、人体に対する影響については明らかでないが、物理的特性として比重が極めて大きく、航空機尾翼部分のバランスウエイトなどに用いられるほか、戦車等の装甲を貫通する劣化ウラン弾に用いられるものである。中国は蘭州や漢中にウラン濃縮施設をもっており、その規模を合わせると日本の六ヶ所村にあるウラン濃縮施設の規模とほぼ同等である。また、そもそも中国は核保有国であり、濃縮過程の結果として劣化ウランを製造するのはたやすいことである。

工作機械は、数値制御されるもので機能や精度が一定レベル以上の精緻さをもつものについてはＮＳＧやワッセナー・アレンジメントによって輸出規制の対象とされている。アメリカの中国向け独自輸出規制では、こうした機能や精度に達していないものや数値制御を行わないものを追加的対象に取り込むこととなっている。しかし、こうした性能のものがどの程度中国の軍事力強化に貢献することができるかという点以前に、これらは中国国内においてすでに製造されているという実情もあり、これに関する中国向けの輸出規制の効果には疑問の眼も向けられている。

軍事用途

新しい規制が適用されるのは、対象三一品目に属するだけでなく、その品目が「軍事用途」（Military End Use）に関連して使用されることに関する情報を輸出者が事前に得ている場合に限られる。

ここでいう「軍事用途」とは、軍事品目としてアメリカの輸出規制の対象となっているもの（Munitions List）に関連して使用されることである。軍事品目の使用、開発、製造、配備や軍事品目への組み込みがこれにあたるが、素材や部品など品目のタイプによって用法が異なるところがあるため、規制対象品目に応じて若干異なる点がある。

注意すべきは、「軍事用途」という概念が中国の人民解放軍が使用するものを指しているばかりではないことである。正規軍でない民兵やテロリストの使用にまわるものや、さらに外国に輸出されるもの、あるいは使用者不明のものであっても、軍事品目に関連する場合には「軍事用途」とされるのである。

情報を得ていること

新たな規制は、「軍事用途」に用いられることについての情報を事前に得ている場合に限って適用される。

具体的には、輸出あるいは技術提供しようとしているその対象品目が中国で「軍事用途」に用いられることについて、

(i) 輸出者が知っている場合、あるいは
(ii) 商務省から許可申請が必要である旨の通知を受けた場合

である。(i)の「知っている場合」は、輸出者側の事前の主観（認識）を指すものである。このため、訴訟上の便宜の観点もあり、「知っているとみるに足る理由がある場合」(have reason to know) をも含むこととされている。この二種類の要件はいずれも、現在すでに実施されている大量破壊兵器関連のキャッチオール規制の方式をそのまま踏襲したものである。この要件にあてはまる場合には、事前に許可を受けることが必要となる。

また、この方式は、ワッセナー・アレンジメント合意による非リスト品規制の方式にも極めて近いものである。ただし、ワッセナー・アレンジメント合意では、輸出管理当局から許可申請が必要である旨の通知を受けた場合だけに限って許可が必要とされ、「輸出者が知っている場合」は単に当局にその情報を事前提供する義務が課されるに過ぎないこととされている。アメリカの方式は、この点でワッセナー・アレンジメントのものと具体的な仕組みが若干異なるが、内在する仕組みは共通である。

この方式は、経済合理性や行政事務の執行効率を意識して非リスト品規制を実施するという均衡を図ったものである。一方、一般に国際貿易の商談は常に自国の本社によって直接進められるというものではなく、むしろ現地の法人や支店、あるいは現地代理店やブローカーが介在して進められるというケースが現実には多い。特に中国においては、近年輸入商社の権益が開放されたという流れはあるものの、なお中国の輸出入公司の力には大きなものがある。

そうなると、(i)の「輸出者が知っている場合」という要件については、果たして用途に関する情報が着実正確に輸出者側に伝わるものであるかという前提部分に悩みどころがあることとなる。さらには、現地法人のような「身内」が輸入者である場合を含め、半ば意図的にも情報を本社（輸出者）に伏せてしまう動機もあり得る。単に輸入するうえでの余分な手続きが増える可能性や商談拒否に至るリスクの可能性が増えることになるだけであるからである。まさにモラルリスクである。

つまり、こうした情報確保に依存する制度である以上、情報の確保とその伝達とがともに義務づけられるのでなければ、制度の実効性は甚だしく落ちることとなるのである。この義務を欠いているアメリカ制度の下では、この限界は避けられない。勢い、この制度の実働性が当局の情報力に基づいた(ii)の方式に圧倒的に依存するものとなるのは、やむを得まい。ただし、ワッセナー・アレンジメント合意による非リスト品規制の仕組みも、元来そうした当局による通知を機軸としているものであり、アメリカの制度のこうした限界も、この仕組みに収斂する方向に動くということを意味するに過ぎないのである。

中国の軍事的能力強化

以上見てきたとおり、新たな中国向け規制は、対象三一品目に属する貨物の輸出や技術の提供であって、「軍事用途」に用いられるという情報を事前に得ている場合には、当局から許可を得なければならないというものである。

実際に許可の申請が行われた場合には、商務省は、中国の軍事的能力の向上に直接重大な寄与（direct and significant contribution）をするかどうかという角度から審査を行うことになる。その結果、直接重大な寄与をすることになると認められる場合に限って拒否されることとなるのである。

この「中国の軍事的能力」が何であるかという点に関しては、アメリカ政府はその定義を明示してはいないが、これにあたるものとして「主要な兵器システム」（Major Weapon System）を示している。これは例示に過ぎずこれに限定されるというものではないが、アメリカ政府の視点を推し量る参考となる。「主要な兵器システム」として例示されているものは、次の十一カテゴリーである。

(i) 戦車
(ii) 装甲戦闘車両
(iii) 大口径火砲システム
(iv) 戦闘用航空機
(v) 攻撃ヘリコプター
(vi) 軍用艦艇
(vii) ミサイル・ミサイル発射装置

(viii)宇宙攻撃兵器
(ix)C4ISR
(x)精密誘導兵器
(xi)暗視装置

このうち(vii)ミサイル・ミサイル発射装置のミサイルは、射程距離を二五キロメートル以上としており、MTCRの規制対象となるものの範囲より広いものとなっている。また、このカテゴリーには、サブカテゴリーとしてMANPADS（携帯式地対空ミサイル：Man-Portable Air-Defense Systems）と無人航空機（Unmanned Aerial Vehicles; UAVs）が含められている。

(ix)のC4ISRは、指揮（Command）・管制（Control）・通信（Communications）・コンピュータ（Computer）・諜報（Intelligence）・監視（Surveillance）・偵察（Reconnaissance）の頭文字を合わせたもので、陸海空軍にまたがる総合的な「軍事情報通信システム」を指す。これは、敵の意図や能力を把握し、敵に対する攻撃や敵の攻撃に対する防御を行うために、自国の部隊の行動を調整し、その行動の正確さを確保することを目的とする。

十一カテゴリーのうち(i)から(vii)までは、国連の軍備登録制度の対象となっている大規模侵攻用兵器である。これら兵器に加えて、(viii)から(xi)までの兵器類やシステムをアメリカ政府が特に新たに明示したという構成となっている。

こうした「主要な兵器システム」を中心として、中国の軍事的能力の向上に直接重大な寄与をするとみられる貨物の輸出や技術の提供を防止する、つまりそのような場合には拒否するというのが規制の趣旨なのである（主要な兵器システムの詳細は、巻末欧文参考資料5に掲載）。

この「主要な兵器システム」は、中国の軍事的能力に関する今後の方向と懸念を推察するうえでも有益である。ただし、単純にこれらのカテゴリーを同列に見るべきではなかろう。アメリカの立場で中国の軍事力の脅威を評価する際には、例えば戦車の近代化と精密誘導兵器とはまったく意味が異なる。国連の軍備登録制度の対象となっている大規模侵攻用兵器七種については、これらを除外する積極的な理由に乏しいという事情によるところもあろう。これら大規模侵攻用兵器についてもその効果を個別に眺め、さらにアメリカが独自に追加した四種を併せると、前述の十一カテゴリーのうちミサイルを含め後半部分に特にアメリカの警戒する中心分野が映し出されているとみることができる。

この中でも、(viii)の宇宙攻撃兵器（Offensive Space Weapons）は衛星攻撃兵器（Anti-Satellite Missiles; ASAT）に代表される。前述のとおり中国は二〇〇七年一月に人工衛星破壊実験を実施しているが、そのほかにも近年アメリカの偵察衛星が中国領内から衛星機能の撹乱のためのレーザー照射を受けたとの情報もある。アメリカの重要警戒分野であることは明らかである。

(ix)のC４ＩＳＲについてはすでに前述したとおり、陸海空軍にまたがる総合的軍事情報通信システムであるが、アメリカ国防総省の年次報告では中国におけるこうしたシステムの開発は遅れているとしている。一方、イラク戦争におけるアメリカ軍のC4ISRの威力には、中国が特に強く関心を示したものでもある。アメリカ政府は、中国がヨーロッパからC4ISR関連の資機材や技術を入手することを渇望しているとみている。

(x)の精密誘導兵器（Precision Guided Munitions）には、TV誘導、赤外線画像誘導、レーザー誘導、GPS誘導、慣性誘導などが用いられる。近時では天候に左右されないGPS誘導方式や慣性誘導方式が主として用いられるようになっている。すでに見たとおり、中国は誘導技術の近代化によりミサイルの命中精度を格段に高めてきているが、そのさらなる向上は主要な目標の一つとされている。

ワッセナー・アレンジメント合意との関係

こうした中国向けの新たな規制について、アメリカ政府は「ワッセナー・アレンジメント合意による非リスト品規制と整合的である」という説明の仕方をしている。この点については、日本やヨーロッパ諸国からはむろんのこと、アメリカ国内企業からも少なからず疑問の声が挙げられている。ワッセナー・アレンジメント合意によるものとなれば、各参加国は同様な規制を適用することが求められるからである。逆にヨーロッパ諸国がすでに実施している「キャッチオール」方式の規制から見れば、アメリカのわずか三一品目という規制範囲は不十分と映るのである。

確かに、この規制はワッセナー・アレンジメントなどの国際輸出管理レジームによる規制品目以外を対象とするものであるため、非リスト品規制である。また、「軍事用途」に用いられるという情報が前提であり、その情報を輸出者が独自に入手した場合あるいは政府の輸出管理当局によって通知された場合に限って規制が発動されるという仕組みである。こうした点では、ワッセナー・アレンジメント合意による非リスト品規制の方式に倣ったものと受け止められる。

一方、規制対象となる品目は、三一品目に限られている。また、中国という一国のみを名指しとしており、国連安保理決議による武器禁輸国に対する規制は未だ採用されていない。規制を導入する目的も、通常兵器の過剰な蓄積による地域紛争の防止というものではなく、中国の軍事的能力強化の防止である。ワッセナー・アレンジメント合意とは別個のものとみる立場は、こうした点に基づく。

微妙なのは、中国は国連安保理決議による武器禁輸対象国ではないが（そもそも現実には国連安保理の常任理事国である中国に対して、その安保理の場で武器の禁輸決議がまとまるという可能性はないであろうが）、天安門事件以来、中国の人権問題を理由として欧米諸国による中国向け武器輸出が禁止されているという事実である。ワッセナー・アレンジメント合意にいう「地域的な武器禁輸国」にあたるか否かという議論もあろうが、周辺諸国との国境線をめぐる問題のほとんどが解決に至った中国について、通常兵器の過剰な蓄積や過剰な移転による「地域紛争の招来」という説明はされにくいであろう。敢えて言えば、過剰な蓄積や過剰な移転により「国際関係が不安定になる」という見方があろうが、この点についてアメリカ政府は何ら見解を示してはいない。もっとも、中国の大きな市場を意識するヨーロッパ諸国が進んでこのような見解をとって、ワッセナー・アレンジメント合意による規制の適用を中国にまで広げるという議論を採用することは想定しがたいであろう。また、何より中国を兵器類の輸出の大きなマーケットとしてみているロシアが、ワッセナー・アレンジメントの一員としてこうした議論の方向に傾くことは期待しがたいものであろう。

2　中国に何を見る

規制の実像

アメリカの新たな規制は、中国だけを特定してその軍事力を照準とした規制である。その意味で、古のココムの視点に通ずるものがある。一方、他国との共通ルールではなく、日本やヨーロッパ諸国に同様な規制の実施を呼びかけているに留まる。

中国が大量破壊兵器をはじめとした拡散の舞台であった時代があり、中国国内の輸出管理制度が整備された現在においても、なお中国企業から第三国への拡散の動きがあるという警戒が持たれているのは事実である。しかし、新たな規制は、こうした拡散問題を対象としたものではない。

中国の国力の急激な高まり、これを背景とした軍事力の強化と発言力の増大があり、想定される具体的な場面としては台湾をめぐる今後の図式や、宇宙空間における懸念などが挙げられる。むろんそうした問題に関する分析や政治的・外交的・軍事的対応について、安全保障自体の問題として取り扱われる必要があるのは、当然である。他方で、安全保障を支える輸出管理の側面からは、こうした問題に対してアメリカの新たな規制が持つ実像は、どのようなものだろうか。

新たな中国向け規制について、その規制が必然的であるか（必然性）、規制の内容・程度が相当であるか（相当性）、規制の十分な効果が期待されるか（有効性）の観点から眺めてみる。

必然性の観点からみれば、近年の中国の軍事力近代化の流れがあり、特に近代化装備の導入、台湾との間の軍事力バランスの変化、宇宙空間での衛星破壊実験などは、アメリカの安全保障問題にとってもはや見過ごしがたい状況に至っている。これにブレーキをかける方策が必要と判断されているのは自然であろう。むろん、隣国に位置する日本にとっても、重要な関心事項となるのは明らかである。また副次的にではあるが、そうした中国の軍事力のうち一部が企業活動を介して第三国に移転するという拡散の懸念を常に持ち合わせておく必要もあろう。

相当性の観点から見れば、非リスト規制品に及ぶ規制であるため、採用する規制方式として要件を限定しているという意味では正当であろう。一方で、この規制品目の範囲がその規制目的となる分野に向けたものとして相応であるかという点では、関連性は必ずしも高くないとも受け止められる。むしろ、高度な兵器の開発・製造に使用される汎用リスト規制品についての各国の輸出管理のレベルや、ロシアによる武器関連支援のほうが高い影響力をもつと考えられる。また、ヨーロッパ諸国からの武器禁輸の今後の取り扱いの方向性も、重要な要素である。

有効性の観点から見れば、なお不明要因は多い。やはり、まずこうした非リスト品規制に対して、より高機能のリスト規制品に対する規制の厳格化や徹底を図ることがなければ、効力ははるかに低いものとなろう。また、アメリカ一国による独自の規制である点も、著しく有効性を損なうのは明らかだ。他国からの迂回の可能性が常に存在するほか、そもそも他国で製造されているものは輸出管理の対象とならないまま簡単に輸出される。仮にある品目について、各国がワッセナー・アレンジメントの場で合意して規制対象とすることとしても、現在のワッセナー・アレンジメントの仕組みは輸出の可否についての判断を各国の独自判断に委ねているものであるため、一致して「止める」ことにならないという限界もある。

アメリカ企業の中国国内への進出著しい現在において、事実上こうした規制が意味を持つこととなるか否かという限界もある。現に、多数のアメリカ企業の強い意見により、規制対象品目は当初案の四七品目から三一品目に減少してもいるのである。

さらに、輸出者が情報を得ている場合でなければ規制が発動しないという点も、制度自体の有効性を低める方向に働くものである。前述の二〇〇七年六月に発表された新規規制を規制発表のわずか四日後に施行に移したという事実からも、規制の影響は極めて小さく混乱を招くものとならないと当局がみていることが窺える。

こうした諸要素を吟味し、併せて中国向けにアメリカ政府が表明している制度導入の趣旨、すなわち中国との経済関係の強化をも含めて考察したとき、この新たな中国向け規制は、これをもって完結した規制とみるべきではなかろう。むしろ、いくつかの異なる要素を併せ持っているものとも受け止められるのである。

まず、近年の「不拡散のための輸出管理」路線に対して、アメリカが新たな輸出管理の路線に一歩踏み出したという点である。中国という特定の国を名指しにして、安全保障の面から、そして具体的手段となる輸出管理を通じて身構えるという姿勢を明確にしたということである。ワッセナー・アレンジメント合意により武器禁輸国向けの非リスト品規制を導入するという国際的な要請が明確になったことに対して、アメリカが出した回答は、「中国向けの措置を優先する」というものであったのである。これは、一面では、他国との軍事レベル格差という旧来のココム時代の視点と共通する。ただし、仕組みはまったく異なる。また、冷戦時代とは大きく異なり、中国との国際経済関係は極めて大きいものとなっており、しかもすでに二万四千社を数えるアメリカ企業が中国に進出し総額五七〇億ドルにも上る資本投下を行っている現在、ある種「禁輸」型の規制が果たして有効に作動するかという難点の存在は明らかである。

また、今後本質的に有効な規制に移行していくための道筋をつける、つまり「橋頭堡」という要素がある。これは、こうした形式で重点分野と規制対象を明示しながら「軍事用途」に関連するものに限って規制を加えるという方式が今後次第に展開していく規制の姿である、ということをアナウンスしたことにほかならない。また、今後対象品目を追加していくだけで、同様な規制が実施できるという「線路」を敷いたことでもある。今後、状況に応じて対象範囲は三一品目から拡大していく方向に向かうと考えられる。線路が敷かれている以上、個別品目の追加の機会は常時認められるからである。むろん、アメリカ連邦議会の構成の変化や政権の交代に伴い規制方針には少なからぬ変化が生じることが予測されるほか、個々の規制対象品目の追加にあたっては、アメリカ企業などとの際どい調整は不可避であるが。

日本やヨーロッパ諸国に対して、重点分野に関するアメリカの姿勢を予告するという意味もある。安全保障分野におけるアメリカの行動には、他国にも同様な認識が共有されるようにするという一般的パターンがみられる。

中国に対して、アメリカのこうした意向を示唆するという予告的・牽制的要素もある。特に、アメリカが警戒している「一線」を示すという意味である。一方、むろんこれは、中国に対してココム時代のような対峙するブロックなどという考え方を持っているという表示ではない。同時に中国に対しては、米中貿易の促進とも説明し、「経済的パートナー」「責任あるステークホールダー」の語に代表されるサインをも送っているのである。

他方、アメリカが今後この方式の規制を実質的効力のあるものに移行させていくためには、ワッセナー・アレンジメントによる現行リスト規制の実行方式について強化を図ることが、対を成す不可欠な要素である。現在のワッセナー・アレンジメントの規制では、基本的に、各参加国が各国の独自判断により個々の事案について可否を決定できるものとなっている。しかし、そのリスト規制品目のうちの一部、特にアメリカの新たな中国向け規制品目に対するスペックアップ品に関しては、各国の協調による輸出抑制が実施されるのでなければアメリカの規制の効果は意味を持ちがたい本末転倒のものとなってしまうのである。むろん、こうした仕組み作りは、ココムの時代からの各国の思惑に裏打ちされた現実のうえにあるため、難度の高いものであることは言うまでもない。

日本の課題と対応

以上見てきたように、第二次世界大戦後の国際関係の変化を受け、安全保障を支える輸出管理も変遷を経てきた。東西冷戦時におけるココム体制から核兵器を中心とする兵器類不拡散体制へという展開がそのシンボルであった。輸出規制の対象国に対して一定の範囲の貨物を「禁輸」とし、一定の範囲の技術移転を防止することを内容とするココムの仕組みから、相手方の活動内容と使い方によって安全保障上支障があるとみられる場合に限って輸出や技術提供を差し止めるという「不拡散型」の国際輸出管理レジームの仕組みに変化した。

そして今、中国の軍事力の飛躍的な向上を背景に、輸出管理は「転換点」にさしかかった。アメリカはこの転換点を自ら明らかに打ち出した。これまでの輸出管理の基軸に対して、特定の国の軍事力を対象とした新たな輸出管理目的の軸が新たに加えられたのである。ココム的思考の部分的復活とみることもできよう。むろんこれは、現在の不拡散目的の輸出管理からの全面的な移行というまでの意味をもつものではない。あくまでも兵器類の不拡散との並立課題である。そして、この特定の国を対象とした特別な輸出管理は、ココム時代のような地域ブロックを想定させるものではなく、現在は軍事力の増強めざましい中国に限定されるのである。今後においても、性質上、対象国が格段に増加することは予想しがたいであろう。

現状において認識され得る難点は、二点ある。一つは、他の国々がどれだけこの局面を真剣に受け止めて対応するようになるかということである。もう一つは、中国という特に急速かつ大規模に拡大しているエコノミーに対するこの種の規制は、ココムなどこれまでの輸出管理とは異なり、果たしてどのように実効性が確保されるかが不透明であることだ。このことについては、すでに本書の中で詳しく検討したとおりだ。

中国と東シナ海を隔てて隣接し、経済的な関係が一段と深化しつつある日本にとって、アメリカの中国に対する見方は極めて示唆的である。円満良好な経済関係を発展させたい一方で、福建省を中心として七〇〇基以上の短距離弾道ミサイルを配備していることや、宇宙の兵器化防止条約案を提出する傍らで衛星破壊実験を断行するという中国の行動には、安全保障面で強い不安を感じさせられる。中国の国防費も大幅膨張の一途である。日本にとっても、安全保障を支える輸出管理に求められるのは、近年の「不拡散」という視点のみではないであろう。

炭素繊維などの先端素材や数値制御工作機械をはじめとする先端機器類は、日本の優れた技術力を示しているものだ。しかし同時に、これらは軍事的な価値も非常に高い先端汎用技術である。こうした先端技術が意図せず中国の宇宙兵器開発やミサイル製造などに使われてしまうようなことは、是非にも回避したいところである。アメリカが特に大きな警戒心を示すのも、こうした分野である。安全保障を支える柱である規制として、効率的に機能する輸出管理は不可欠である。日本においても、「新たな軸」が輸出管理に必要とされる時代に至ったのは明らかである。

一方、ロシアやヨーロッパ諸国がこうした変化を共有するかどうかという点については、なお今後の時間の経過を待たねばならない。中国の軍事力の飛躍的な強化に対する安全保障上の脅威の受け止め方は、まったく異なるためである。また、ココム時代など過去の輸出管理に関する不満の記憶も明らかに残存していることもある。

例えば日本から鋼管を製造する技術を外国企業に不用意に提供した結果、外国で核兵器が開発されるようになったなどということがあれば、その企業や日本自体も自ら国際的安全保障の混乱要因となることを意味する。また、国際的な強い批判を免れない。不用意に工作機械を輸出した結果、核兵器の開発に使われてしまったというような場合も、同様である。輸出したはずの炭素繊維製品が、気がついたときには別なところでミサイルを製造するために使われていたなどということがあれば、その輸出は安全保障の不安定化要因につながるものということとなり、やはりその企業や日本の姿勢に対する批判を招くこともあろう。

これに対し、例えば電子ピアノを輸出したが、気がついたときには分解されて別なところでその電子部品がミサイルに組み込まれて使われていたというような場合には、輸出企業には一般にそこまでの予測を立てることはほぼ絶望的ともみられよう。特に輸出先に悪意がある場合や、取引に第三者が介在したり輸出後に第三者が介在する場合には、一層困難である。しかし、それでもなお「日本製品がミサイルに使われている」「輸出管理ができていない」などとして批判や不安の声が上がることもあるのが現実である。つまり、こうした限界を抱えながらも、安全保障上の不安定材料となる輸出や技術提供をいかにして的確に防止するか、ということが輸出管理の本質なのである。

ところで、このようなこれまでの輸出管理は、いずれも兵器類の拡散を防止するためのものであった。輸出先や利用者がどこのどのような企業であって、どのような活動をしているのか、その製品や技術を何のためにどのように使用するのか、別の国や企業に移転することはないのか、というような視点が輸出や技術提供の可否を見分けるポイントであった。これに対し、輸出管理の新たな軸として加わるのは、特定の近隣国の軍事力を対象とするものである。先の例で言えば、日本の製品や技術が中国大陸のミサイルやその他の兵器に化けて軍備の増強に寄与するようなことである。

日本の国内でも、こうした輸出管理環境の状況と構造的な変化は、特に輸出ビジネスに携わる各企業の経営者から現場職員に至るまで、しっかりと受け止められる必要がある。しかし、これまでのところ、こうした認識をもつ企業関係者はなお少数に留まっている実情にあると思われる。

輸出管理の目的の変化は、単に「核兵器に使われたりしない製品だから、心配ない」という気楽さではすまないケースの広がりを意味する。規制の影響を受けることのある企業の範囲は、事実上格段に広がることにもなる。そうした関連企業には、輸出を規制する国内法規に違反することとなるリーガル・リスクであるとともに、国内外からの予期せぬ批判や非難にさらされるレピュテーション・リスクがあるという認識が必要となる。アメリカの輸出管理法制による「思わぬ」ペナルティを受けるというリスクもある。無邪気ではすまないこともある。会社法においても、大会社に関するものではあるが、明文で株式会社の業務適正を確保するための内部統制システムの構築を求めている（第三四八条、第三六二条）。

もっとも、これは決して中国という国を過剰に警戒すべきとするものではない。ましてや敵視するというものではありえない。日中経済関係は極めて緊密化しており、中国は特に重要な隣国である。その円滑な発展は日中双方にとって利益が大きい。すでに日本から中国向けに輸出する企業は二万社を超え、中国に進出している日本企業も二万社を数える。こうした関係をいたずらに制約したり自粛するということになるのは、適切ではない。あくまでも現状を正確に捉え、安全保障の視点から必要最小限の制約に留められるべきものである。

日本から中国に向けて先端製品の輸出や関連技術の提供をする場合には、輸出管理の視点として、常に二つの懸念があることを意識すべきである。一つ目は、中国企業からなお北朝鮮やイランなどの第三国に拡散する懸念である。その際に特に中心とすべきは、ミサイルに関連する素材・機器類・部品などについてである。また二つ目には、中国が核兵器やミサイルを現に多数保有する国であって、そのさらなる軍事力強化をもたらすということの意味する懸念である。

このような状況に対して、日本ではどのように対応するべきであろうか。

まず、輸出管理の「新たな軸」を正面から受け止めたとき、その特定国の軍事力の増強に対する輸出管理制度が求められる。これは、アメリカの制度目的と共通であり、制度の内容もある程度は類似のものが想定される。特定の国向けの規制でなく兵器類の不拡散を目的とした「全方位」的な輸出管理制度に対して、一歩新たに踏み出すような性格のものである。これをワッセナー・アレンジメント合意による非リスト品規制と混同すべきではない。

これに対応した輸出管理制度では、特に輸出企業の負担が最小限である必要がある。このため、(i)対象となる特定国の軍事力強化につながる範囲に限ったものであるべきこと、(ii)あくまでも副次的な規制であるべきこと、(iii)同様な規制を安易に広く他の地域向けに拡大していくべきではないこと（もっとも、他の地域を介して特定国に迂回する可能性は視野に入れられるべきだが）、(iv)安全保障は基本的に国家の責務でありこれを支える輸出管理も国家が主体となるべきこと、という諸要素が求められよう。

また特に、安易な対米追従とならないようにすべきことも当然である。アメリカの新たな中国向け規制の実質や他国の現実については、すでに触れたとおりである。輸出管理は自国や国民のための安全保障を支える重要な手段であり、日本の制度として必要な規制範囲であるかという角度から常に冷静に吟味され、主体的に決定されるべきなのである。

では、輸出に関連する日本の企業には、どのような対応が求められるだろうか。

まず、こうした安全保障や輸出管理に関する国際的な状況について正確な認識をもつことである。また、先に示したとおり、これまでの輸出管理制度と比較して、新たに注意を要する範囲が拡大することを理解することが必要である。特に、すでにアメリカの規制が導入されているため、アメリカ製貨物などを扱う場合など現実に注意が必要となっていることに日本企業は備えることが必要である。

こうした規制の対象範囲に入ってくる輸出の場合、輸出企業には輸出貨物がどこの誰によって何に使用されるのかという需要者情報・用途情報の確認を行うことが求められる。この点は、これまでの「不拡散」型の輸出管理と同様であり、輸出側の社内体制の整備が肝要である。一方、実際にこうした需要者・用途の確認を行うに当たっては、必ずしも的確に機能しない場合も少なくない。このため、輸出管理当局においても輸出企業側の責任範囲の限界を明らかにしておくことが望まれる。なお、こうした実務は、製品を中国に直接輸出する場合だけでなく、中国企業などと技術協力をする場合についても同様である。

例えば、中国の輸入公司との輸出商談に際して、輸出後の再販売先が未定である場合、輸出貨物の用途が不明である場合などである。こうした場合にかえって輸出企業が商談を自制し商機を失ってしまうことが期待されるものではない。未定であるなどという事実自体が一つの確認結果となり、その先は輸出管理当局の任務である。一方、その輸出貨物の需要者や用途を確認するという実務が行われていない場合には、相手方から確認を得るための粘り強い説得が期待される。

需要者情報・用途情報の信頼度は重要な要素であるが、その信頼性の確認は輸出企業側の任務ではなく、輸出管理当局の任務と考えるべきである。通常の場合、輸出企業にはその確認・立証の手段を欠くためである。もっとも、需要者情報・用途情報の信頼性について疑問を抱く立場にあった企業であれば、率先してその疑問点の追及をすべきなのは言うまでもない。こうした需要者情報・用途情報の信頼度については、仲介業者など第三者が介在している輸出取引の場合であっても、基本的には同様である。一方、軍事的利用価値が高いと考えられる貨物の場合には、軍事利用された場合の事後のリスクを考慮して、むしろ率先して重ねて直接的な確認を行うべきであろう。また、同一の取引相手との間で反復継続的な輸出を行ってきている場合についても、基本は同様である。

取引実績のない新規顧客との取引の場合には、需要者情報・用途情報の信頼度の限界は避けられないが、同様に情報入手と確認を行うことが必要である。特に経済発展が著しく新規企業の出現も頻繁な中国である。こうした場面は今後とも少なくない。一方、中国の軍事企業は極めて多数の子会社や関連組織をもつ一大集団である。また、軍事企業であっても広汎に民生事業を営んでいる。こうした企業が少なからず顕在・潜在しているということを認識して取引に臨むことは必要である。

日本国内の販売会社や中国国内の代理店を経由して輸出する場合についても、同様である。またその場合、需要者情報・用途情報を代理店などの社員が捏造するなどは論外であるが、その他にも需要者・用途に関して信頼性を疑うべき情報を代理店などの社員が入手している場合には、輸出企業の責任が残ることがある点には注意を要する。これは、仮に輸出企業の中で働く派遣会社職員が入手した情報がある場合についても同様であり、こうした場面まで含め、輸出企業には全体として内部統制システムが適正に作動するよう取り扱っていることが求められるのである。

安全保障の側面から、今後の日本には以上のような視点と輸出管理の実務が求められる。しかし、こうした安全保障環境は絶え間なく変化を示し続けるものであり、また、国際的な協調の下に実施されてこそ意味をもつものである。このための輸出管理当局の努力と輸出企業の理解が不可欠であるのは明らかである。中国という輸出管理上の新たな重要ファクターに関して、日本や日本企業にとって安全保障面に関する懸念を最小限に留め、円滑な経済関係の発展につながることが強く求められているのである。

あとがき

二〇〇一年九月十一日朝、ニューヨークのマンハッタン島南端にほど近い世界貿易センタービルに、乗っ取られた二機の民間ジェット旅客機が相次いで突入した。筆者は、テレビ画面の中で黒い巨大な煙の塊を吐き続ける二棟の超高層タワーを呆然と眺めていた。やがてタワーは二棟ともゆっくりと崩れ落ちていった。映画の一シーンを見ているような錯覚を感じたほどであった。アメリカ同時多発テロだ。

筆者は当時、同じマンハッタン島の中ほどに住んでいた。この事件が発生した日、たまたま外国出張のため不在にしており、テレビ報道をその出張先で眺めていた。

まず心に浮かんだのは、この映像が現実なのだろうかそれとも架空のものかという妙にとぼけた混乱だった。どうやらこれが現実の悪夢であると気づいた後、はじめて抱いた不安は「ニューヨークに無事戻ることができるのだろうか」という間の抜けたものだった。実際、その後数日の間は旅客機が飛ばなくなり、事件後一週間経過してようやく帰路につくことができたのである。より本質的な不安、すなわち飲料水や電力といったライフラインや倒壊した巨大ビルから飛散するアスベストなどの生活環境に直接関係する強い不安は、なぜかこれに続いて浮かんでくるという順番だった。ましてやこの事件が予告する世界的な変化に思いが及ぶのは、より後になってからのことである。

この事件の前にも、世界各地でいろいろなテロ事件が発生してきているのは、残念ながら現実である。しかしそれでも、この事件が特に示唆したものは大きい。これは、二十一世紀の入口において、安全保障の新たな展開を強く示唆するような事件であった。

この同時多発テロは、民間航空機を使ったアメリカ国内での無差別大量殺戮・大量破壊というショッキングな側面を持つものであった。特定の外国ではなく、テロリストという非国家主体を安全保障の視野の正面に据える必要があることがより明確になった。また、伝来的な兵器などと異なり、手段を問わず、通常の純然たる民生製品すら大量破壊兵器の代わりに悪用されるという脅威が現実のものとなった。その後もニューヨーク市内をはじめアメリカ国内では炭疽菌による死亡事件の発生などの混乱が続き、安全保障面の脅威は一気に全国的に高まるようになった。「ＷＭＤ」という英語の略語が日本国内でも市民権を得て当たり前のように通用するようになったのも、この事件が契機となってのことだ。そして、さらにこれ以外にも二十一世紀の新たな展開があることは、すでに本書を読まれた諸氏には繰り返すまでもなかろう。

同時多発テロが起きた翌日、友人であるアーカンサス州保険庁のマイク・ピケンズ長官（全米保険長官会議議長）が安否を気遣って筆者の携帯電話に電話をかけてくれた。安堵するピケンズ氏に、テロによる社会・経済・個人の損害に保険理論が適用されダメージが分散されるようになる可能性について尋ねてみた。答えはノー。アメリカ損害保険業界においてなお、人為的損害には保険理論をあてはめることが至難の業であるというものであった（拙稿「ザ・デイ・アフター――アメリカ同時多発テロと保険」（保険銀行日報社）参照）。安全保障の分野では、ダメージを受けることになるとたやすく回復しがたく、やはり未然の「防止」に目を向けることこそ王道なのだと納得したものである。

安全保障懸念の高まりは、輸出管理のレベルアップにつながる。現に、この直後から広く世界各国で輸出規制の導入や高度化が進められるようになった。国際的取り組みの内容にも厚みを増す展開となった。もちろん輸出管理だけで安全保障上の懸念をすべて払拭できるわけでもなく、ましてや国内における不安には手が及ばないという限界はあるものだが。

日本ではどうだろうか。日本ではかねてから武器輸出三原則が採用され、諸外国とは異なって武器の輸出は禁止されている。「平和国家」というコンセプトが広く国民の中に根付いているのは、日本の誇れる事実と言えよう。

しかし、輸出管理の本質と内容については、果たして日本国内でどれだけ理解が進んでいるのかという不安がなお残る。ココムが存在した当時からその後の時代の変遷を経て現在に至るまでの輸出管理の実質と、その背景となる安全保障に関する理解についてである。昔のココムや「輸出管理」なるものは得体の知れないものだ、日本は武器を輸出していない平和国家なのだからこうした余分な規制には気を配る必要がないのだ、などという見方がされていないだろうか。あるいは自社の貨物は武器には使われないものだから関係ないのだ、という安易な断定に走る向きはないだろうか。

決して輸出管理の対象は武器そのものだけではない。むしろ通常は民生用に使われる一般汎用貨物が大半の対象となる。これが正しい理解であり、国際的な共通認識でもある。そして、輸出管理の目的や対象についても、時代の流れとともに大胆に変化を示すものである。今はまさに、その基本概念の新たな展開局面に差しかかっている。

安全保障や輸出管理の世界は、ややもすれば漠然とした不明確な領域として受け止められやすい。しかし、現に日本近海にミサイルが打ち込まれたり、日本国内でもサリンのような化学兵器が使用されたりしている近時の事実を、今一度見つめなおしてみることも有益だろう。

本書はこうした手の届きにくい世界の一部に光をあてたにすぎないが、筆を執るにあたっては、この分野に詳しい方々に限らずその全体像や流れの変化を体系的に理解していただくのに役立つよう努めた。世界に冠たる輸出立国である日本であるがゆえに、そしてその日本の輸出ビジネスがさらに安全かつ健全に大きく発展していくために。輸出実務に携わる関係者をはじめ広く読者各位に対して、本書が筆者のこうした関心を共有していただく題材となるならば望外の幸せである。

現代書館の吉田秀登さんには出版に至るまで懇切丁寧に導いていただき、心より御礼申し上げたい。

安全保障問題は遠く離れた外国の火事ではない、日常とも隣接している重要問題なのである。

二〇〇七年初冬

長谷川直之

参考資料

（参考資料1）

輸出管理に関する主要事件年表

	世界情勢	東アジアの動向
一九四〇年代	一九四五 アメリカが原爆投下 第二次世界大戦終戦 一九四九 ソ連が原爆実験 ココム結成	一九四九 中国が成立宣言
一九五〇年代	一九五二 ココム内にチンコム発足 一九五七 チンコムがココムに吸収される	一九五〇 朝鮮戦争勃発（〜一九五三年） 一九五八 中国が金門島を砲撃
一九六〇年代		一九六四 中国が原爆実験 一九六六 中国が第二砲兵を編成

一九七〇年代	一九七〇　ＮＰＴ発効 一九七四　インドが原爆実験 一九七五　ＢＷＣ発効 一九七七　ＮＳＧ発足	一九七二　米中第一次共同コミュニケ 一九七九　米中国交樹立（米中第二次共同コミュニケ） 中越紛争
一九八〇年代	一九八〇　イラン・イラク戦争勃発（〜一九八八年） 一九八四　イラクが化学兵器を使用 一九八五　オーストラリア・グループ発足 一九八七　ＭＴＣＲ発足	一九八二　米中第三次共同コミュニケ 一九八九　天安門事件
一九九〇年代	一九九〇　東西ドイツ統一 湾岸戦争（〜一九九一年） 一九九一　ソ連崩壊 アメリカが大量破壊兵器キャッチオール制 一九九二　国連の軍備登録制度発足 一九九四　ココム解散 一九九五　ＮＰＴ無期限延長 一九九六　ワッセナー・アレンジメント発足 一九九七　ＣＷＣ発効	一九九二　中国がＮＰＴに参加 一九九三　北朝鮮がノドン発射 一九九四　米朝枠組み合意 一九九五　地下鉄サリン事件 中国が台湾海峡軍事演習 一九九六　中国が台湾海峡軍事演習 一九九七　中国が国連軍備登録を中止

	一九九八 インドが核実験、パキスタンが核実験	一九九八 北朝鮮がテポドン発射
二〇〇〇年以降	二〇〇一 アメリカ同時多発テロ アメリカがアフガニスタン攻撃 二〇〇二 HCOC成立 ワッセナー・アレンジメントが非リスト品規制を合意	二〇〇二 日本で大量破壊兵器キャッチオール制度導入
	二〇〇四 カーン・ネットワーク（核の闇市場）が発覚	二〇〇四 中国がNSGに参加 二〇〇五 中国が反国家分裂法制定 二〇〇六 北朝鮮がミサイル発射・核実験 二〇〇七 中国が人工衛星破壊実験 アメリカが対中独自輸出規制 中国が国連軍備登録を再開

（参考資料2）

不拡散関係の国際条約の締約国（二〇〇七年現在）

Ⅰ　核兵器不拡散条約（NPT）締約国

1　締約国（一九〇）

未締約国三カ国以外の全ての国

2　未締約国（三）

インド、パキスタン、イスラエル

Ⅱ　生物兵器禁止条約（BWC）締約国　（二〇〇七年現在）

1　締約国（一五九）

アジア

アゼルバイジャン、アフガニスタン、アルメニア、イエメン、イラク、イラン、インド、インドネシア、ウズベキスタン、オマーン、カザフスタン、カタール、韓国、カンボジア、北朝鮮、キプロス、キルギス、クウェート、グルジア、サウジアラビア、シンガポール、スリランカ、タイ、タジキスタン、中国、トルクメニスタン、トルコ、日本、バーレーン、パキスタン、バングラデシュ、東ティモール、フィリピン、ブータン、ブルネイ、ベトナム、マレーシア、モルジブ、モンゴル、ヨルダン、ラオス、レバノン

大洋州

オーストラリア、ソロモン、トンガ、ニュージーランド、バヌアツ、パプアニューギニア、パラオ、フィジー

北中米・カリブ

アメリカ、アンティグア・バーブーダ、エルサルバドル、カナダ、キューバ、グアテマラ、グレナダ、コスタリカ、ジャマイカ、セントクリストファー・ネービス、セントビンセント・グレナディーン、セントルシア、ドミニカ共和国、ドミニカ国、トリニダード・トバゴ、ニカラグア、パナマ、バハマ、バルバドス、ベリーズ、ホンジュラス、メキシコ

南米

アルゼンチン、コロンビア、ウルグアイ、スリナム、エクアドル、チリ、パラグアイ、ペルー、ブラジル、ボリビア、ベネズエラ

ヨーロッパ

アイスランド、アイルランド、アルバニア、イタリア、ウクライナ、イギリス、エストニア、オーストリア、オランダ、ギリシャ、ルーマニア、クロアチア、サンマリノ、スイス、スウェーデン、スペイン、スロバキア、スロベニア、セルビア、チェコ、デンマーク、ロシア、ドイツ、ノルウェー、バチカン、ハンガリー、フィンランド、フランス、ブルガリア、ベラルーシ、ベルギー、ポーランド、ボスニア・ヘルツェゴビナ、ポルトガル、マケドニア、マルタ、モナコ、モルドバ、モンテネグロ、

ラトビア、リトアニア、リヒテンシュタイン

アフリカ

アルジェリア、ウガンダ、エチオピア、ガーナ、カーボヴェルデ、ガボン、ガンビア、ギニアビサウ、ケニア、コンゴ共和国、コンゴ民主共和国、サントメ・プリンシペ、シエラレオネ、ジンバブエ、スーダン、スワジランド、セーシェル、赤道ギニア、セネガル、チュニジア、トーゴ、ナイジェリア、ニジェール、ブルキナファソ、ベナン、ボツワナ、マリ、南アフリカ、モーリシャス、モロッコ、リビア、ルワンダ、レソト

2　署名国（一五）（未批准）

アジア

アラブ首長国連邦、シリア、ネパール、ミャンマー

北中米

ハイチ

南米

ガイアナ

アフリカ

エジプト、コートジボワール、ソマリア、タンザニア、中央アフリカ、ブルンジ、マダガスカル、マラウイ、リベリア

3　未署名国（一九）

アジア

イスラエル

大洋州

キリバス、サモア、ツバル、ナウル、マーシャル、ミクロネシア

ヨーロッパ

アンドラ

アフリカ

アンゴラ、ギニア、エリトリア、コモロ、カメルーン、ザンビア、ジブチ、チャド、ナミビア、モーリタニア、モザンビーク

Ⅲ 化学兵器禁止条約（CWC）締約国 （二〇〇七年現在）

1 締約国（一八二）

アフリカ

アルジェリア、ウガンダ、エチオピア、エリトリア、ガーナ、カーボヴェルデ、ガボン、カメルーン、ガンビア、ギニア、ケニア、コートジボワール、コモロ、コンゴ民主共和国、サントメ・プリンシペ、ザンビア、シエラレオネ、ジブチ、ジンバブエ、スーダン、スワジランド、セーシェル、赤道ギニア、セネガル、タンザニア、チャド、中央アフリカ、チュニジア、トーゴ、ナイジェリア、ナミビア、ニジェール、ベナン、ブルキナファソ、ブルンジ、ボツワナ、マダガスカル、マラウイ、マリ、南アフリカ、モザンビーク、モーリシャス、モーリタニア、モロッコ、リビア、リベリア、ルワンダ、レソト

アジア・大洋州

アフガニスタン、アラブ首長国連邦、イエメン、イラン、インド、インドネシア、ウズベキスタン、オーストラリア、オマーン、カタール、韓国、カンボジア、キプロス、キリバス、クウェート、クック諸島、サウジアラビア、サモア、シンガポール、スリランカ、ソロモン諸島、タイ、タジキスタン、中国、ツバル、トルクメニスタン、トンガ、ナウル、ニウエ、日本、ニュージーランド、ネパール、パキスタン、バヌアツ、パプアニューギニア、パラオ、バーレーン、バングラデシュ、東ティモール、フィジー、フィリピン、ブータン、ブルネイ、ベトナム、マーシャル諸島、マレーシア、ミクロネシア、モルジブ、モンゴル、ラオス、ヨルダン

東ヨーロッパ

アゼルバイジャン、アルバニア、アルメニア、ウクライナ、エストニア、カザフスタン、キルギス、グルジア、クロアチア、スロバキア、スロベニア、チェコ、ハンガリー、ブルガリア、ベラルーシ、ボスニア・ヘルツェゴビナ、ポーランド、マケドニア、モルドバ、モンテネグロ、ラトビア、リトアニア、ルーマニア、ロシア、セルビア

北中南米・カリブ

アメリカ、アルゼンチン、アンティグア・バーブーダ、ウルグアイ、エクアドル、エルサルバドル、ガイアナ、カナダ、キューバ、グアテマラ、グレナダ、コスタリカ、コロンビア、ジャマイカ、スリナム、セント・ビンセント、セント・ルシア、チリ、ドミニカ国、トリニダード・トバコ、ニカラグア、ハイチ、パナマ、パラグアイ、バルバドス、ブラジル、ベネズエラ、ベリーズ、ペルー、ボリビア、ホンジュラス、メキシコ、セントクリストファー・ネービス

西ヨーロッパ

アイスランド、アイルランド、アンドラ、イタリア、イギリス、オーストリア、オランダ、ギリシャ、サンマリノ、スイス、スウェーデン、スペイン、ドイツ、トルコ、デンマーク、ノルウェー、バ

チカン、フィンランド、フランス、ベルギー、ポルトガル、マルタ、モナコ、リヒテンシュタイン、ルクセンブルク

2　署名国（六）（未批准）

アフリカ

ギニアビサウ、コンゴ共和国

アジア

イスラエル、ミャンマー

カリブ

バハマ、ドミニカ共和国

3　未署名国（七）

アフリカ

アンゴラ、エジプト、ソマリア

アジア

イラク、北朝鮮、シリア、レバノン

Ⅳ　弾道ミサイルの拡散に立ち向かうためのハーグ行動規範（ＨＣＯＣ）参加国（二〇〇七年現在）

アジア

カンボジア、韓国、日本、東ティモール、フィリピン、モンゴル

大洋州

オーストラリア、キリバス、クック諸島、ツバル、トンガ、ニュージーランド、バヌアツ、パプアニューギニア、パラオ、フィジー、マーシャル諸島、ミクロネシア

ヨーロッパ

アイスランド、アイルランド、アゼルバイジャン、アルバニア、アルメニア、アンドラ、イタリア、ウクライナ、ウズベキスタン、イギリス、エストニア、オーストリア、オランダ、カザフスタン、キプロス、ギリシャ、グルジア、クロアチア、スイス、スウェーデン、スペイン、スロバキア、スロベニア、セルビア、タジキスタン、チェコ、デンマーク、ドイツ、トルクメニスタン、ノルウェー、バチカン、ハンガリー、フィンランド、フランス、ブルガリア、ベラルーシ、ベルギー、ポーランド、ボスニア・ヘルツェゴビナ、ポルトガル、マケドニア、マルタ、モナコ、モルドバ、モンテネグロ、ラトビア、リヒテンシュタイン、リトアニア、ルーマニア、ルクセンブルク、ロシア

アフリカ

ウガンダ、エチオピア、エリトリア、ガーナ、カーボヴェルデ、ガボン、カメルーン、ガンビア、ギニア、ギニアビサウ、ケニア、コモロ、ザンビア、シエラレオネ、スーダン、セーシェル、セネガル、タンザニア、チャド、チュニジア、ナイジェリア、ニジェール、ブルキナファソ、ブルンジ、ベナン、マダガスカル、マラウイ、マリ、南アフリカ、モザンビーク、モーリタニア、モロッコ、リビア、リベリア、ルワンダ

中東

アフガニスタン、トルコ、ヨルダン

北米

アメリカ、カナダ

中南米・カリブ

アルゼンチン、ウルグアイ、エクアドル、エルサルバドル、ガイアナ、グアテマラ、コスタリカ、コロンビア、スリナム、チリ、ドミニカ共和国、ニカラグア、ハイチ、パナマ、パラグアイ、ベネズエラ、ペルー、ホンジュラス

（参考資料3）

国際輸出管理レジーム参加国一覧

	国際的輸出管理レジーム			
	NSG	AG	MTCR	WA
アルゼンチン	◎	◎	◎	◎
オーストラリア	◎	◎	◎	◎
オーストリア	◎	◎	◎	◎
ベラルーシ	◎			
ベルギー	◎	◎	◎	◎
ブラジル	◎		◎	
ブルガリア	◎	◎	◎	◎
カナダ	◎	◎	◎	◎
中国	◎			
クロアチア	◎	◎		◎
キプロス	◎	◎		
チェコ	◎	◎	◎	◎
デンマーク	◎	◎	◎	◎
エストニア	◎	◎		◎
フィンランド	◎	◎	◎	◎
フランス	◎	◎	◎	◎
ドイツ	◎	◎	◎	◎
ギリシャ	◎	◎	◎	◎
ハンガリー	◎	◎	◎	◎
アイスランド		◎	◎	
アイルランド	◎	◎	◎	◎
イタリア	◎	◎	◎	◎
日本	◎	◎	◎	◎
カザフスタン	◎			
韓国	◎	◎	◎	◎
ラトビア	◎	◎		◎
リトアニア	◎	◎		◎
ルクセンブルク	◎	◎	◎	◎
マルタ	◎	◎		◎

オランダ	◎	◎	◎	◎
ニュージーランド	◎	◎	◎	◎
ノルウェー	◎	◎	◎	◎
ポーランド	◎	◎	◎	◎
ポルトガル	◎	◎	◎	◎
ルーマニア	◎	◎		◎
ロシア	◎		◎	◎
スロバキア	◎	◎		◎
スロベニア	◎	◎		◎
南アフリカ	◎		◎	◎
スペイン	◎	◎	◎	◎
スウェーデン	◎	◎	◎	◎
スイス	◎	◎	◎	◎
トルコ	◎	◎	◎	◎
ウクライナ	◎	◎	◎	◎
イギリス	◎	◎	◎	◎
アメリカ	◎	◎	◎	◎
参加国数	45	40	34	40

（注1）2007年時点。
（注2）国名はアルファベット順。
（注3）NSG：Nuclear Suppliers Group
AG：オーストラリア・グループ（Australia Group）
MTCR：Missile Technology Control Regime
WA：ワッセナー・アレンジメント（Wassenaar Arrangement）

（参考資料4）

大量破壊兵器関連の理由によるアメリカの中国企業向け制裁

時期	内容
1985年　12月	1985年7月に米中民生用原子力協力協定に署名。 同年12月、アメリカ議会が、原子力関連規制品目の許可に先立って議会手続きを義務づける決議（協定は凍結）。
1987年　10月	中国がイラン向けに対艦ミサイルの売却の動きがあることに対し、中国向けハイテク製品の輸出を禁止。 翌年、解除。
1991年　6月	1990年ミサイル技術規制法に基づき、中国からのパキスタン向け東風11号（短距離弾道ミサイル）の輸出があったことに対して、制裁対象企業向けのミサイル関連技術及び衛星の提供を禁止。 中国の制裁対象は、China Precision Machinery Import-Export Corporation（CPMIEC）と、China Great Wall Industry Corporation（CGWIC）。 なお、パキスタンの制裁対象は、Space and Upper Atmosphere Research Commission（SUPARCO）。 翌年、中国がMTCRに沿った対応をする旨を誓約し、アメリカは中国企業向け制裁を解除。
1993年　8月	1990年ミサイル技術規制法に基づき、中国からのパキスタン向け東風11号（短距離弾道ミサイル）関連の技術供与に対して、制裁対象企業向けのミサイル関連品目の提供及びアメリカ政府との契約を禁止。 中国の制裁対象は、中国航空工業省と、その傘下の次の9社； ・China Precision Machinery Import-Export Corporation（CPMIEC） ・China National Space Administration（CNSA） ・China Aerospace Corporation（CASC） ・China Great Wall Industry Corporation（CGWIC） ・Chinese Academy of Space Technology（CAST） ・Beijing Wan Yuan Industry Corporation ・China Haiying Company ・Shanghai Astronautics Industry Bureau（SHBOA） ・China Chang Feng Group

		なお、パキスタンの制裁対象は、国防省。 翌年、ミサイル拡散に関する米中共同ステートメントが発表され、その中で中国がMTCRに沿った対応をする旨を誓約し、アメリカは中国企業向け制裁を解除。
1997年	5月	1991年化学生物兵器規制法に基づき、イランの化学兵器開発に協力した中国・香港の企業・個人に対し、アメリカへの輸出及びアメリカ政府との契約を禁止。 中国の制裁対象企業は、Nanjing Chemical Industries Group（NCI）と、Jiangsu Yongli Chemical Engineering and Technology Import-Export Corporation。
2001年	6月	2000年イラン不拡散法に基づき、Jiangsu Yongli Chemical Engineering and Technology Import-Export Corporationに対し、制裁適用。
	9月	1990年ミサイル技術規制法に基づき、中国からのパキスタン向けミサイル技術供与に対して、制裁対象企業向けのミサイル関連品目の提供及び衛星の輸出を禁止。 中国の制裁対象企業は、China Metallurgical Equipment Corporation（CMEC）とその下部組織。
2002年	1月	2000年イラン不拡散法に基づき、Liyang Chemical Equipment及びChina Machinery and Electric Equipment Import-Export Companyほか1個人に対し、制裁適用。
	5月	2000年イラン不拡散法に基づき、1月に制裁適用とした3者のほか、以下の5社に対し制裁適用。 ・Zibo Chemical Equipment Plant ・Wha Cheong Tai Company of China ・China Shipbuilding Trading Company ・China Precision Machinery Import-Export Corporation（CPMIEC） ・China National Aero-Technology Import-Export Corporation
	7月	1992年イラン・イラク不拡散法に基づき、以下ほか1個人に対し制裁適用。 ・Jiangsu Yongli Chemical Engineering and Technology Import-Export Corporation ・China Machinery and Equipment Import-Export Corporation ・China National Machinery and Equipment Import-Export Corporation

		・CMEC Machinery and Electric Equipment Import-Export Company ・CMEC Machinery and Electrical Import-Export Company ・China Machinery and Electric Equipment Import-Export Company ・Wha Cheong Tai Company ・China Shipbuilding Trading Company
2003年	5月	大統領令12938号に基づき、China North Industry Corporation（Norinco）に対し、アメリカへの輸入を禁止。
	6月	2000年イラン不拡散法に基づき、以下の5社に対し制裁適用。 ・Taian Foreign Trade General Corporation ・Zibo Chemical Equipment Plant ・Liyang Yunlong Chemical Equipment Group Company ・China North Industry Corporation（Norinco） ・China Precision Machinery Import-Export Corporation（CPMIEC）
	7月	大統領令12938号に基づき、China Precision Machinery Import-Export Corporation（CPMIEC）に対し、アメリカへの輸入を禁止。
	9月	ミサイル拡散懸念により、China North Industry Corporation（Norinco）に対し、アメリカへの輸入を禁止。
2004年	4月	2000年イラン不拡散法に基づき、以下の5社に対し制裁適用。 ・Beijing Institute of Opto-Electronic Technology（BIOET） ・China Precision Machinery Import-Export Corporation（CPMIEC） ・Oriental Scientific Instruments Corporation（OSIC） ・Zibo Chemical Equipment Plant ・China North Industry Corporation（Norinco）
	9月	大統領令12938号に基づき、Xinshidai Companyに対し、アメリカへの輸入を禁止。
	9月	2000年イラン不拡散法に基づき、以下の7社に対し制裁適用。 ・Beijing Institute of Opto-Electronic Technology（BIOET） ・Beijing Institute of Aerodynamics ・China Great Wall Industry Corporation（CGWIC） ・China North Industry Corporation（Norinco） ・LIMMT Economic and Trade Company ・Oriental Scientific Instruments Corporation（OSIC） ・South Industries Science and Technology Trading Co.
	11月	2000年イラン不拡散法に基づき、以下の3社のほか1個人に対し制

	裁適用。 ・Liaoning Jiayi Metals and Mineral Co. ・Wha Cheong Tai Company ・Shanghai Triple International Ltd.
12月	2000年イラン不拡散法に基づき、以下の6社のほか1個人に対し制裁適用。 ・Beijing Alite Technologies Company（ALCO） ・China Aero-Technology Import Export Corporation（CATIC） ・China Great Wall Industry Corporation（CGWIC） ・China North Industry Corporation（Norinco） ・Wha Cheong Tai Company ・Zibo Chemet Equipment Company
2005年　12月	2000年イラン不拡散法に基づき、以下の6社に対し制裁適用。 ・China Aero-Technology Import Export Corporation（CATIC） ・China North Industry Corporation（Norinco） ・Hongdu Aviation Industry Group（HAIG） ・LIMMT Economic and Trade Company ・Ounion International Economic and Technical Corporation ・Zibo Chemet Equipment Company
2006年　6月	大統領令13382号に基づき、以下の4社に対し資産凍結適用。 ・Beijing Alite Technologies Company（ALCO） ・LIMMT Economic and Trade Company ・China Great Wall Industry Corporation（CGWIC）） ・China Precision Machinery Import-Export Corporation（CPMIEC）
12月	イラン・シリア不拡散法に基づき、以下の3社に対し制裁適用。 ・China National Electronic Import Export Company（CEIEC） ・China Aero-Technology Import Export Corporation（CATIC） ・Zibo Chemet Equipment Company
2007年　4月	イラン・シリア不拡散法に基づき、以下の3社に対し制裁適用。 ・China National Precision Machinery Import-Export Corporation（CPMIEC） ・Shanghai Non-Ferrous Metals Pudong Development Trading ・Zibo Chemet Equipment Company

（注）イラン不拡散法による制裁内容は、アメリカへの輸入禁止やアメリカ政府との契約禁止等の諸項目の中から採択される。

（参考資料 5）

「外国ユーザーリスト」に掲載されている中国企業

企業名	別名
Beijing Alite Technologies Company (ALCO) （北京海立連合科技有限公司）	
Beijing Institute of Aeronautical Material (BIAM) （北京航空材料研究院）	
Beijing Institute of Control Engineering (BICE) （北京控制工程研究所（502 所））	
Beijing Institute of Remote Sensing Equipment （北京遥感設備研究所）	
Beijing Institute of Structure and Environment Engineering (BISE) （北京強度環境研究所）	· Beijing Institute of Strength and Environmental Engineering
Beijing University of Aeronautics and Astronautics (BUAA) （北京航空航天大学）	· Beihang University
BVE China Air Technology （北京必威易創基科技有限公司）	
China Academy of Launch Vehicle Technology (CALT) （中国運載火箭技術研究所）	· First Academy of the China Aerospace Science Technology Corporation （中国航天科技集団公司第 1 研究院） · China Carrier Rocket Technology Research Institute · Wanyuan Company · Beijing Wan Yuan Industry Corporation
China Aerodynamics Research and Development Center (CARDC) （中国空気動力研究与発展中心）	

China Aerospace Science and Technology Corporation（CASC） （中国航天科技集団公司）	
China Great Wall Industry Corporation（CGWIC） （中国長城工業総公司）	
China North Industries Corporation（NORINCO） （中国北方工業公司）	
China Xinshidai（New Era）Corporation（Group） （中国新時代公司（集団））	
LIMMT Economic and Trade Company （LIMMT 経貿公司）	

（注）2007 年現在で経済産業省が公表しているもの。
表中、China North Industries Corporation（NORINCO）は化学兵器懸念及びミサイル懸念により掲載。ほかは全てミサイル懸念により掲載。

(参考資料6)

通常兵器関連汎用品として輸出に際し許可が必要とされるもの
(輸出貿易管理令別表第一の五項～十五項に掲載される貨物)

5先端素材	
5 (1)	フッ素化合物製品
5 (2)	ビニリデンフルオリドの圧電重合体等
5 (3)	芳香族ポリイミドの製品
5 (4)	Ti、Al・合金成形工具
5 (5)	Ni、Ti合金・Mg合金等
5 (6)	金属性磁性材料
5 (7)	ウランチタン合金・タングステン合金
5 (8)	超伝導材料
5 (9)	作動油等
5 (10)	潤滑油等
5 (11)	振動防止用液体
5 (12)	冷媒用液体
5 (13)	Tiのホウ化物・セラミック半製品
5 (14)	セラミックスの複合素材
5 (15)	ポリジオルガノシラン、ポリシラザン等
5 (16)	芳香族ポリイミド・ポリエーテルルミイド等
5 (17)	ビニリデンフルオリドの共重合体等
5 (18)	プリプレグ・プリフォーム等
5 (19)	ほう素・炭化そう素・硝酸グアニジン・ニトログアニジン

6材料加工	
6 (1)	軸受
6 (2)	数値制御工作機械
6 (3)	歯車製造用工作機械
6 (4)	アイソスタチックプレス
6 (5)	コーティング装置
6 (6)	測定装置
6 (7)	ロボット
6 (8)	フィードバック装置等
6 (9)	絞りスピニング加工機・しごきスピニング加工機

7エレクトロニクス	
7 (1)	集積回路

7（2)	マイクロ波用機器、ミリ波用機器部分品等
7（3)	信号処理装置
7（4)	超伝導材料を用いた装置
7（5)	超伝導磁石
7（6)	電池
7（7)	高電圧用コンデンサ
7（8)	エンコーダ
7（9)	磁気テープ記録装置
7（10)	波形記憶装置
7（11)	周波数シンセサイザー
7（12)	信号発生器
7（13)	周波数分析器
7（14)	ネットワークアナライザー
7（15)	原子周波数標準器
7（15の2)	スプレー冷却方式の熱制御装置
7（16)	半導体製造装置
7（17)	マスク・レクチル
7（18)	半導体基板
7（19)	レジスト
7（20)	アルミニウム・ガリウム・インジウム有機金属化合物、燐・砒素・アンチモン有機化合物
7（21)	燐・砒素・アンチモン水素化物

8コンピュータ	
8	電子計算機

9通信関連	
9（1)	伝送通信装置
9（2)	電子交換装置
9（3)	光ファイバー通信ケーブル等
9（4)	（削除）
9（5)	フェーズドアレーアンテナ
9（5の2)	監視用方向探知器
9（6)	（1）から（3）まで若しくは（5）の設計・製造装置
9（7)	暗号装置又はその部分品
9（8)	情報伝達信号漏洩防止装置等
9（9)	（削除）
9（10)	盗聴探知機能通信ケーブルシステム

9（11）	（7）から（10）までの設計製造装置等

10 センサー等	
10（1）	音波利用水中探知装置等
10（2）	光検出器・冷却器等
10（3）	センサ用の光ファイバー
10（4）	カメラ
10（5）	反射鏡
10（6）	光学部品
10（7）	光学器械又は光学部品の制御装置
10（7の2）	非球面光学素子
10（8）	ガスレーザー発振器等
10（9）	磁力計・磁場勾配計・校正装置
10（10）	重力計・重力勾配計
10（11）	レーダー
10（12）	光反射率測定装置又は表面形状の測定装置
10（13）	重力計製造装置
10（14）	光検出器等

11 航法装置	
11（1）	加速度計
11（2）	ジャイロスコープ
11（3）	慣性航行装置
11（4）	航法装置
11（5）	（1）から（4）までの試験・製造装置

12 海洋関連	
12（1）	船舶（潜水艇、水中船等）
12（2）	船舶の部分品・附属品
12（3）	水中回収装置
12（4）	水中カメラ
12（5）	水中ロボット
12（6）	密閉動力装置
12（7）	回流水槽
12（8）	浮力材
12（9）	閉鎖回路式自給潜水用具等

13 推進装置	
13（1）	ガスタービンエンジン

13 (2)	宇宙開発用飛しょう体
13 (3)	ロケット推進装置
13 (4)	無人航空機
13 (5)	(1) から (3) まで若しくは15の (11) に掲げる試験装置・測定装置・検査装置等

14その他	
14 (1)	粉末状の金属燃料
14 (2)	火薬・爆薬成分、添加・前駆物質
14 (3)	ディーゼルエンジン
14 (4)	(削除)
14 (5)	自給式潜水用具等
14 (6)	航空機輸送土木機械
14 (7)	ロボット若しくはその制御装置
14 (8)	電気伝導シャッター
14 (9)	催涙剤・くしゃみ剤・散布等装置

15機微品目	
15 (1)	無機繊維等
15 (2)	電波の吸収材等
15 (3)	核熱源物質
15 (4)	伝送通信装置
15 (5)	音波を利用した水中探知装置
15 (6)	宇宙用に設計した光検出器
15 (7)	目標自動識別機能レーダー
15 (8)	単独潜水艇
15 (9)	防音装置
15 (10)	ラムジェットエンジン、スクラムジェットエンジン等

(注) 表中の数字は、別表第一における項番。
表中の品目名は、包括的に簡略化して表示されているものであり、同一の欄の中にその部分品や附属装置などを含むことがある。正確には、輸出貿易管理令の該当部分に明示されている。

thermal sights, and low-light level systems that are night vision devices, as well as infrared focal plane array detectors and cameras specifically designed, developed, modified, or configured for military use; image intensification and other night sighting equipment or systems specifically designed, modified or configured for military use; second generation and above military image intensification tubes specifically designed, developed, modified, or configured for military use, and infrared, visible and ultraviolet devices specifically designed, developed, modified, or configured for military application.

freedom of action in space for the United States and its allies or hinder the United States and its allies from denying an adversary the ability to take action in space. This includes systems such as anti-satellite missiles, or other systems designed to defeat or destroy assets in space.

(9) Command, Control, Communications, Computer, Intelligence, Surveillance, and Reconnaissance (C4ISR): Systems that support military commanders in the exercise of authority and direction over assigned forces across the range of military operations; collect, process, integrate, analyze, evaluate, or interpret information concerning foreign countries or areas; systematically observe aerospace, surface or subsurface areas, places, persons, or things by visual, aural, electronic, photographic, or other means; and obtain, by visual observation or other detection methods, information about the activities and resources of an enemy or potential enemy, or secure data concerning the meteorological, hydrographic, or geographic characteristics of a particular area, including Undersea communications. Also includes sensor technologies.

(10) Precision Guided Munitions (PGMs), including "smart bombs" : Weapons used in precision bombing missions such as specially designed weapons, or bombs fitted with kits to allow them to be guided to their target.

(11) Night vision equipment: Any electro-optical device that is used to detect visible and infrared energy and to provide an image. This includes night vision goggles, forward-looking infrared systems,

include primary trainer aircraft, unless designed, equipped, or modified as described above.

(5) Attack Helicopters: Rotary-wing aircraft designed, equipped or modified to engage targets by employing guided or unguided anti-armor, air-to-surface, air-to-subsurface, or air-to-air weapons and equipped with an integrated fire control and aiming system for these weapons, including versions of these aircraft that perform specialized reconnaissance or electronic warfare missions.

(6) Warships: Vessels or submarines armed and equipped for military use with a standard displacement of 750 metric tons or above, and those with a standard displacement of less than 750 metric tons that are equipped for launching missiles with a range of at least 25 kilometers or torpedoes with a similar range.

(7) Missiles and Missile Launchers: (a) Guided or unguided rockets, or ballistic, or cruise missiles capable of delivering a warhead or weapon of destruction to a range of at least 25 kilometers, and those items that are designed or modified specifically for launching such missiles or rockets, if not covered by systems identified in paragraphs (1) through (6) of this Supplement. For purposes of this rule, systems in this paragraph include remotely piloted vehicles with the characteristics for missiles as defined in this paragraph but do not include ground-to-air missiles, (b) Man-Portable Air-Defense Systems (MANPADS); or (c) Unmanned Aerial Vehicles (UAVs) of any type, including sensors for guidance and control of these systems.

(8) Offensive Space Weapons: Systems or capabilities that can deny

（欧文参考資料 5）

主要な兵器システム（Major Weapon System）

(1) Battle Tanks: Tracked or wheeled self-propelled armored fighting vehicles with high cross-country mobility and a high-level of self protection, weighing at least 16.5 metric tons unladen weight, with a high muzzle velocity direct fire main gun of at least 75 millimeters caliber.

(2) Armored Combat Vehicles: Tracked, semi-tracked, or wheeled self-propelled vehicles, with armored protection and cross-country capability, either designed and equipped to transport a squad of four or more infantrymen, or armed with an integral or organic weapon of a least 12.5 millimeters caliber or a missile launcher.

(3) Large-Caliber Artillery Systems: Guns, howitzers, artillery pieces combining the characteristics of a gun or a howitzer, mortars or multiple-launch rocket systems, capable of engaging surface targets by delivering primarily indirect fire, with a caliber of 75 millimeters and above.

(4) Combat Aircraft: Fixed-wing or variable-geometry wing aircraft designed, equipped, or modified to engage targets by employing guided missiles, unguided rockets, bombs, guns, cannons, or other weapons of destruction, including versions of these aircraft which perform specialized electronic warfare, suppression of air defense or reconnaissance missions. The term “combat aircraft” does not

中国向けの規制対象となっているものを指す。この表記のないものは、当該箇所のECCNの品目の規定がそのまま中国向けの規制対象となるものを指す。

関連する技術も一般に規制の適用対象となっているが、ここでは簡略化のため省略している。

なお、上はいずれもECCNが付されているが、これは「リスト品」であることを意味せず、国際輸出管理レジームとの関係でいずれも「非リスト品」である。

j. Underwater lights and propulsion equipment;

k. Air compressors and filtration systems specially designed for filling air cylinders.

(CHINA) *Limited to underwater systems or equipment, not controlled by 8A001, 8A002, or 8A018, and specially designed parts therefor.*

9A991 "Aircraft", n.e.s., and gas turbine engines not controlled by 9A001 or 9A101 and parts and components, n.e.s.

a. Military aircraft, demilitarized (not specifically equipped or modified for military operation), as follows:

a.1. Cargo, "C-45 through C-118" inclusive, and "C-121,"

a.2. Trainers, bearing a "T" designation and using piston engines,

a.3. Utility, bearing a "U" designation and using piston engines,

a.4. Liaison, bearing an "L" designation, *and*

a.5. Observation, bearing an "O" designation and using piston engines;

b. Civil aircraft; *and*

c. Aero gas turbine engines, and specially designed parts therefor.

(CHINA) *Limited to "aircraft", n.e.s., and gas turbine engines not controlled by 9A001 or 9A101, n.e.s.*

（注）各項目冒頭の番号は、ECCN上のものを示す。品目の内容は、当該ECCN番号のもののうち、関係する箇所を示している。ECCNは、アメリカの輸出規制品目分類番号（Export Control Classification Number）である。
（CHINA）と表記した箇所は、当該箇所のECCNの品目のうち一部に限定して

8A992 Vessels, marine systems or equipment, not controlled by 8A001, 8A002 or 8A018, and specially designed parts therefor.

a. Underwater vision systems, as follows:

a.1. Television systems (comprising camera, lights, monitoring and signal transmission equipment) having a limiting resolution when measured in air of more than 500 lines and specially designed or modified for remote operation with a submersible vehicle; *or*

a.2. Underwater television cameras having a limiting resolution when measured in air of more than 700 lines;

b. Photographic still cameras specially designed or modified for underwater use, having a film formate of 35 mm or larger, and having autofocussing or remote focussing specially designed for underwater use;

c. Stroboscopic light systems, specially designed or modified for underwater use, capable of a light output energy of more than 300 J per flash;

d. Other underwater camera equipment, n.e.s.;

e. Other submersible systems, n.e.s.,;

g. Marine engines (both inboard and outboard) and submarine engines, n.e.s.; and specially designed parts therefor, n.e.s.;

h. Other self-contained underwater breathing apparatus (scuba gear) and related equipment, n.e.s.;

i. Life jackets, inflation cartridges, compasses, wetsuits, masks, fins, weight belts, and dive computers;

c.2.a. Pulse-excited, "Q-switched lasers", with a pulse duration equal to or more than 1 ns, and a multiple-transverse mode output with any of the following:

c.2.a.1. A "peak power" exceeding 200 MW; *or*

c.2.a.2. An average output power exceeding 50 W;

c.2.b. Pulse-excited, non-"Q-switched lasers", having a multiple-transverse mode output with an average power exceeding 500 W; *or*

c.2.c. Continuously excited "lasers" having a multiple-transverse mode output with an average or CW output power exceeding 500 W;

d. Free electron "lasers".

6C992 Optical sensing fibers not controlled by 6A002.d.3 which are modified structurally to have a 'beat length' of less than 500 mm (high birefringence) or optical sensor materials not described in 6C002.b and having a zinc content of equal to or more than 6% by 'mole fraction.'

7A994 Other navigation direction finding equipment, airborne communication equipment, all aircraft inertial navigation systems not controlled under 7A003 or 7A103, and other avionic equipment, including parts and components, n.e.s.

7B994 Other equipment for the test, inspection, or "production" of navigation and avionics equipment.

6A995 “Lasers”, not controlled by 6A005 or 6A205.

a. Carbon dioxide (CO_2) “lasers” having any of the following:

a.1. A CW output power exceeding 10 kW;

a.2. A pulsed output with a “pulse duration” exceeding 10 microseconds; *and*

a.2.a. An average output power exceeding 10 kW; *or*

a.2.b. A pulsed “peak power” exceeding 100 kW; *or*

a.3. A pulsed output with a “pulse duration” equal to or less than 10 microseconds; *and*

a.3.a. A pulse energy exceeding 5 J per pulse and “peak power” exceeding 2.5 kW; *or*

a.3.b. An average output power exceeding 2.5 kW;

b. Semiconductor lasers, as follows:

b.1. Individual, single-transverse mode semiconductor “lasers” having:

b.1.a. An average output power exceeding 100 mW; *or*

b.1.b. A wavelength exceeding 1,050 nm;

b.2. Individual, multiple-transverse mode semiconductor “lasers” , or arrays of individual semiconductor “lasers”, having a wavelength exceeding 1,050 nm;

c. Solid state, non-“tunable” “lasers”, as follows:

c.1. Ruby “lasers” having an output energy exceeding 20 J per pulse;

c.2. Neodymium-doped (other than glass) “lasers”, as follows, with an output wavelength exceeding 1,000 nm but not exceeding 1,100 nm:

range from 219 K (-54 °C) to 397 K (124 °C).

b. Telecommunication transmission equipment and systems, and specially designed components and accessories therefor, having any of the following characteristics, functions or features:

b.7. Being radio equipment employing any of the following:

b.7.a. Quadrature-amplitude-modulation (QAM) techniques above level 4 if the "total digital transfer rate" exceeds 8.5 Mbit/s;

b.7.b. QAM techniques above level 16 if the "total digital transfer rate" is equal to or less than 8.5 Mbit/s; or

b.7.c. Other digital modulation techniques and having a "spectral efficiency" exceeding 3 bit/s/Hz;

f. Phased array antennae, operating above 10.5 GHz, containing active elements and distributed components, and designed to permit electronic control of beam shaping and pointing, except for landing systems with instruments meeting International Civil Aviation Organization (ICAO) standards (microwave landing systems (MLS)).

(CHINA) *Limited to telecommunications equipment designed to operate outside the temperature range from 219K (-54 °C) to 397K (124 °C), which is controlled by 5A991.a., radio equipment using Quadrature-amplitude-modulation (QAM) techniques, which is controlled by 5A991.b.7., and phased array antennae, operating above 10.5 Ghz, except landing systems meeting ICAO standards (MLS), which is controlled by 5A991.f.*

following characteristics:

k.2.a. 32 channels or more; and

k.2.b. A resolution of 14 bit (plus sign bit) or more with a conversion rate of 200,000 conversions/s or more.

(CHINA) *Limited to computers not controlled by 4A001 or 4A003, with an Adjusted Peak Performance ("APP") exceeding 0.5 Weighted TeraFLOPS (WT).*

4D993 "Program" proof and validation "software", "software" allowing the automatic generation of "source codes", and operating system "software" not controlled by 4D003 that are specially designed for real time processing equipment.

a. "Program" proof and validation "software" using mathematical and analytical techniques and designed or modified for "programs" having more than 500,000 "source code" instructions;

b. "Software" allowing the automatic generation of "source codes" from data acquired on line from external sensors described in the Commerce Control List;

c. Operating system "software" specially designed for "real time processing" equipment that guarantees a "global interrupt latency time" of less than 20 microseconds.

5A991 Telecommunication equipment, not controlled by 5A001.

a. Any type of telecommunications equipment, not controlled by 5A001.a, specially designed to operate outside the temperature digitizing to 8 bits or greater resolution and storing 256 or more samples.

(CHINA) *Limited to digital oscilloscopes and transient recorders, using analog to digital conversion techniques, capable of storing transients by sequentially sampling single-shot inputs at greater than 2.5 giga-samples per second.*

3A999 Specific processing equipment, n.e.s., as follows.

c. All flash x-ray machines, and components of pulsed power systems designed thereof, including Marx generators, high power pulse shaping networks, high voltage capacitors, and triggers;

4A994 Computers, "electronic assemblies", and related equipment not controlled by 4A001 or 4A003, and specially designed components therefor.

a. Electronic computers and related equipment, and "electronic assemblies" and specially designed components therefor, rated for operation at an ambient temperature above 343 K (70°C);

b. "Digital computers" having an "Adjusted Peak Performance" ("APP") equal to or greater than 0.00001 Weighted TeraFLOPS (WT);

k. "Hybrid computers" and "electronic assemblies" and specially designed components therefor, as follows:

k.1. Containing "digital computers" controlled by 4A003;

k.2. Containing analog-to-digital converters having all of the

a. Turning machines using a single point cutting tool and having all of the following characteristics:

a.1. Slide positioning accuracy less (better) than 0.0005 mm per 300 mm of travel;

a.2. Bidirectional slide positioning repeatability less (better) than 0.00025 mm per

300 mm of travel;

a.3. Spindle "run out" and "camming" less (better) than 0.0004 mm total indicator reading (TIR);

a.4. Angular deviation of the slide movement (yaw, pitch and roll) less (better) than 2 seconds of arc, TIR, over full travel; and

a.5. Slide perpendicularity less (better) than 0.001 mm per 300 mm of travel;

b. Fly cutting machines having all of the following characteristics:

b.1. Spindle "run out" and "camming" less (better) than 0.0004 mm TIR; *and*

b.2. Angular deviation of slide movement (yaw, pitch and roll) less (better) than 2 seconds of arc, TIR, over full travel.

3A292 Oscilloscopes and transient recorders other than those controlled by 3A002.a.5, and specially designed components therefor.

d. Digital oscilloscopes and transient recorders, using analog-to-digital conversion techniques, capable of storing transients by sequentially sampling single-shot inputs at successive intervals of less than 1 ns (greater than 1 giga-sample per second), ceramics or composites, that, according to the manufacturer's technical specifications, can be equipped with electronic devices for simultaneous "contouring control" in two or more axes:

d.1. Machine tools for turning, grinding, milling or any combination thereof, having two or more axes that can be coordinated simultaneously for "contouring control" and having any of the following characteristics:

d.1.a. One or more contouring "tilting spindles";

d.1.b. "Camming" (axial displacement) in one revolution of the spindle less (better) than 0.0006 mm total indicator reading (TIR);

d.1.c. "Run out" (out-of-true running) in one revolution of the spindle less (better) than 0.0006 mm total indicator reading (TIR);

d.1.d. The "positioning accuracies", with all compensations available, are less (better) than: 0.001° on any rotary axis;

d.2. Electrical discharge machines (EDM) of the wire feed type that have five or more axes that can be coordinated simultaneously for "contouring control".

(CHINA) *Limited to "numerically-controlled" machine tools having "positioning accuracies", with all compensations available, less (better) than 9 μm along any linear axis; and machine tools controlled under 2B991.d.1.a.*

2B992 Non-"numerically controlled" machine tools for generating optical quality surfaces, and specially designed components therefor.

temperatures of 561 K (288 °C) or higher and a unit load capacity exceeding 1 MPa.

d. Active magnetic bearing systems.

e. Fabric-lined self-aligning or fabric-lined journal sliding bearings manufactured for use at operating temperatures below 219 K(-54 °C) or above 423 K (150 °C).

(CHINA) *Limited to bearings and bearing systems not controlled by 2A001 and with operating temperatures above 573 K (300°C).*

2B991 Numerical control units for machine tools and "numerically controlled" machine tools, n.e.s.

c. "Numerically controlled" machine tools that, according to the manufacturer's technical specifications, can be equipped with electronic devices for simultaneous "contouring control" in two or more axes and that have both of the following characteristics:

c.1. Two or more axes that can be coordinated simultaneously for contouring control; and

c.2. "Positioning accuracies", with all compensations available:

c.2.a. Better than 0.020 mm along any linear axis (overall positioning) for grinding machines;

c.2.b. Better than 0.020 mm along any linear axis (overall positioning) for milling

machines; or

c.2.c. Better than 0.020 mm along any linear axis (overall positioning) for turning machines; or

d. Machine tools, as follows, for removing or cutting metals,

d. A thermal stability at 616 K (343 °C).

2A991 Bearings and bearing systems not controlled by 2A001.

a. Ball bearings or Solid ball bearings (except tapered roller bearings), having tolerances specified by the manufacturer in accordance with ABEC 7, ABEC 7P, or ABEC 7T or ISO Standard Class 4 or better (or equivalents) and having any of the following characteristics.

a.1. Manufactured for use at operating temperatures above 573 K (300 °C) either by using special materials or by special heat treatment; or

a.2. With lubricating elements or component modifications that, according to the manufacturer's specifications, are specially designed to enable the bearings to operate at speeds exceeding 2.3 million DN.

b. Solid tapered roller bearings, having tolerances specified by the manufacturer in accordance with ANSI/AFBMA Class 00 (inch) or Class A (metric) or better (or equivalents) and having either of the following characteristics.

b.1. With lubricating elements or component modifications that, according to the manufacturer's specifications, are specially designed to enable the bearings to operate at speeds exceeding 2.3 million DN; or

b.2. Manufactured for use at operating temperatures below 219 K (-54 °C) or above 423 K (150 °C).

c. Gas-lubricated foil bearing manufactured for use at operating

（欧文参考資料 4）

アメリカの中国向け非リスト品規制の対象品目の定義

1A290 Depleted uranium (any uranium containing less than 0.711% of the isotope U-235) in shipments of more than 1,000 kilograms in the form of shielding contained in X-ray units, radiographic exposure or teletherapy devices, radioactive thermoelectric generators, or packaging for the transportation of radioactive materials.

1C990 Fibrous and filamentary materials, not controlled by 1C010 or 1C210, for use in "composite" structures and with a specific modulus of 3.18×10^6m or greater and a specific tensile strength of 7.62×10^4m or greater.

(CHINA) *Limited to fibrous and filamentary materials other than glass, aramid or polyethylene not controlled by 1C010 or 1C210, for use in "composite" structures and with a specific modulue of 3.18x106m or greater and a specific tensile strength of 7.62x104m or greater.*

1C996 Hydraulic fluids containing synthetic hydrocarbon oils, having all the following characteristics.

a. A flash point exceeding 477 K (204 °C);

b. A pour point at 239 K (-34 °C) or less;

c. A viscosity index of 75 or more; and

stability in the world. The two sides are determined, on the principle of equality and mutual benefit, to strengthen their- ties to the economic, cultural, educational, scientific, technological and other fields and make strong. joint efforts for the continued development of relations between the governments and peoples of the United States and China.

9. In order to bring about the healthy development of United States China relations, maintain world peace and oppose aggression and expansion, the two governments reaffirm the principles agreed on by the two sides in the Shanghai Communique and the Joint Communique on the Establishment of Diplomatic Relations. The two sides will maintain contact and hold appropriate consultations on bilateral and international issues of common interest.

Message to Compatriots in Taiwan issued on January 1, 1979 and the Nine-Point Proposal put forward by China on September 30, 1981. The new situation which has emerged with regard to the Taiwan question also provides favorable conditions for the settlement of United States-China differences over the question of United States arms sales to Taiwan.

6. Having in mind the foregoing statements of both sides, the United States Government states that it does not seek to carry out a long-term policy of arms sales to Taiwan, that its arms sales to Taiwan will not exceed, either in qualitative or in quantitative terms, the level of those supplied in recent years since the establishment of diplomatic relations between the United States and China, and that it intends to reduce gradually its sales of arms to Taiwan, leading over a period of time to a final resolution. In so stating, the United States acknowledges China's consistent position regarding the thorough settlement of this issue.

7. In order to bring about, over a period of time, a final settlement of the question of United States arms sales to Taiwan, which is an issue rooted in history, the two governments will make every effort to adopt measures and create conditions conducive to the thorough settlement of this issue.

8. The development of United States-China relations is not only in the interest of the two peoples but also conducive to peace and

Foreign Minister Huang Hua in October 1981.

3. Respect for each other's sovereignty and territorial integrity and non-interference each other's internal affairs constitute the fundamental principles guiding United States-China relations. These principles were confirmed in the Shanghai Communique of February 28, 1972 and reaffirmed in the Joint Communique on the Establishment of Diplomatic Relations which came into effect on January 1, 1973. Both sides emphatically state that these principles continue to govern all aspects of their relations.

4. The Chinese government reiterates that the question of Taiwan is China's internal affair. The Message to the Compatriots in Taiwan issued by China on January 1, 1979, promulgated a fundamental policy of striving for Peaceful reunification of the Motherland. The Nine-Point Proposal put forward by China on September 30, 1981 represented a Further major effort under this fundamental policy to strive for a peaceful solution to the Taiwan question.

5. The United States Government attaches great importance to its relations with China, and reiterates that it has no intention of infringing on Chinese sovereignty and territorial integrity, or interfering in China's internal affairs, or pursuing a policy of "two Chinas" or "one China, one Taiwan." The United States Government understands and appreciates the Chinese policy of striving for a peaceful resolution of the Taiwan question as indicated in China's

（欧文参考資料 3）

1982 年 8 月米中共同コミュニケ
(SINO-US JOINT COMMUNIQUE)

1. In the Joint Communique on the Establishment of Diplomatic Relations on January 1, 1979, issued by the Government of the United States of America and the Government of the People's Republic of China, the United States of America recognized the Government of the People's Republic of China as the sole legal government of China, and it acknowledged the Chinese position that there is but one China and Taiwan is part of China. Within that context, the two sides agreed that the people of the United States would continue to maintain cultural, commercial, and other unofficial relations with the people of Taiwan. On this basis, relations between the United States and China were normalized.

2. The question of United States arms sales to Taiwan was not settled in the course of negotiations between the two countries on establishing diplomatic relations. The two sides held differing positions, and the Chinese side stated that it would raise the issue again following normalization. Recognizing that this issue would seriously hamper the development of United States-China relations, they have held further discussions on it, during and since the meetings between President Ronald Reagan and Premier Zhao Ziyang and between Secretary of State Alexander M. Haig, Jr., and Vice Premier and

(3) to make clear that the United States decision to establish diplomatic relations with the People' s Republic of China rests upon the expectation that the future of Taiwan will be determined by peaceful means;

(4) to consider any effort to determine the future of Taiwan by other than peaceful means, including by boycotts or embargoes, a threat to the peace and security of the Western Pacific area and of grave concern to the United States;

(5) to provide Taiwan with arms of a defensive character; and

(6) to maintain the capacity of the United States to resist any resort to force or other forms of coercion that would jeopardize the security, or the social or economic system, of the people on Taiwan.

（欧文参考資料２）

1979年台湾関係法（Taiwan Relation Act（抜粋））

(a) Findings

The President having terminated governmental relations between the United States and the governing authorities on Taiwan recognized by the United States as the Republic of China prior to January 1, 1979, the Congress finds that the enactment of this chapter is necessary –

(1) to help maintain peace, security, and stability in the Western Pacific; and

(2) to promote the foreign policy of the United States by authorizing the continuation of commercial, cultural, and other relations between the people of the United States and the people on Taiwan.

(b) Policy

It is the policy of the United States –

(1) to preserve and promote extensive, close, and friendly commercial, cultural, and other relations between the people of the United States and the people on Taiwan, as well as the people on the China mainland and all other peoples of the Western Pacific area;

(2) to declare that peace and stability in the area are in the political, security, and economic interests of the United States, and are matters of international concern;

as a guide.

Participating States reserve the right to adopt and implement national measures to restrict exports for other reasons of public policy, taking into consideration the principles and objectives of the Wassenaar Arrangement. Participating States may share information on these measures as a regular part of the General Information Exchange. Participating States decide to exchange information on this type of denials relevant for the purposes of the Wassenaar Arrangement.

*Definition of military end-use
In this context the phrase military end-use refers to use in conjunction with an item controlled on the military list of the respective Participating State.

（欧文参考資料 1）

ワッセナー・アレンジメントの非リスト汎用品規制

Statement of Understanding on Control of Non-Listed Dual-Use Items
(Agreed at the 2003 Plenary)

Participating States will take appropriate measures to ensure that their regulations require authorisation for the transfer of non-listed dual-use items to destinations subject to a binding United Nations Security Council arms embargo, any relevant regional arms embargo either binding on a Participating State or to which a Participating State has voluntarily consented to adhere, when the authorities of the exporting country inform the exporter that the items in question are or may be intended, entirely or in part, for a military end-use.*

If the exporter is aware that items in question are intended, entirely or in part, for a military end-use, * the exporter must notify the authorities referred to above, which will decide whether or not it is expedient to make the export concerned subject to authorisation.

For the purpose of such control, each Participating State will determine at domestic level its own definition of the term "military end-use". * Participating States are encouraged to share information on these definitions. The definition provided in the footnote will serve

参考文献

浅田正彦編『兵器の拡散防止と輸出管理』有信堂
加藤洋子『アメリカの世界戦略とココム 1945-1992』有信堂
山本武彦『経済制裁─深まる西側同盟の亀裂』日本経済新聞社
村山裕三『経済安全保障を考える─海洋国家日本の選択』ＮＨＫブックス
ディフェンスリサーチセンター編『軍事データで読む日本と世界の安全保障』草思社
川崎哲『核拡散』岩波新書
井上尚美『生物兵器と化学兵器─種類・威力・防御法』中公新書
松本太『ミサイル不拡散』文春新書
森本敏編『ミサイル防衛』日本国際問題研究所
平松茂雄『中国、核ミサイルの標的』角川 one テーマ 21
宇佐美暁『中国の軍事戦略』東洋経済新報社
船橋洋一『同盟漂流』岩波書店
イギリス国際戦略研究所『*Military Balance*』
ストックホルム国際平和研究所『*Year Book*』
ジョージア大学国際貿易安全保障センター『*Export Controls in PRC*』
アメリカ国防総省『*Annual Report on the Military Power of PRC*』
アメリカ国防総省『*Quadrennial Defense Review*』

アメリカ国家情報長官『*Annual Threat Assessment*』
中国国務院『中国の国防』
防衛省『防衛白書』
外務省『外交青書』
外務省『日本の軍縮・不拡散外交』

長谷川直之（はせがわ　なおゆき）

一九五七年生まれ。東京大学法学部卒業。通商産業省入省。通商産業省・総括上席輸出検査官、日本貿易保険・ニューヨーク事務所長、経済産業省・安全保障貿易審査課長、同・安全保障貿易管理課長等を歴任。
二〇〇七年より内閣府・参事官。

ココム・WMD《大量破壊兵器》・そして中国
――アメリカ輸出規制戦略とその現実――

二〇〇八年五月三十日　第一版第一刷発行

著　者　長谷川直之
発行者　菊地泰博
発行所　株式会社現代書館
　東京都千代田区飯田橋三―二―五
　郵便番号　１０２‐００７２
　電　話　０３（３２２１）１３２１
　ＦＡＸ　０３（３２６２）５９０６
　振　替　００１２０‐３‐８３７２５
組　版　コムツー
印刷所　平河工業社（本文）
　東光印刷所（カバー）
製本所　矢嶋製本

校正協力／東京出版サービスセンター

ISBN978-4-7684-6968-2

http://www.gendaishokan.co.jp/

活字で利用できない方のための
テキストデータ請求券
『ココム・WMD
・そして中国』